Basic Hangul Learning
for Foreigners

외국인을 위한

기초 **한글배우기**

① 기초편

권용선 저

Learning Korean in English

■ 세종대왕(조선 제4대 왕)
King Sejong the Great
(4th monarch of Joseon)

www.k-hangul.kr

■ 세종대왕 탄신 627돌(2024.5.15) 숭모제전
- 분향(焚香) 및 헌작(獻爵), 독축(讀祝), 사배(四拜), 헌화(獻花),
  망료례(望燎禮), 예필(禮畢), 인사말씀(국무총리)

■ 무용 : 봉래의(鳳來儀) | 국립국악원 무용단
- '용비어천가'의 가사를 무용수들이 직접 노래하고 춤을 춤으로써
  비로소 시(詩), 가(歌), 무(舞)가 합일하는 악(樂)을 완성하는 장면

■ 영릉(세종·소헌왕후)
조선 제4대 세종대왕과 소헌왕후 심씨를 모신 합장릉이다.
세종대왕은 한글을 창제하고 혼천의를 비롯한 여러 과학기기를 발명하는 등 재위기간 중 뛰어난 업적을 이룩하였다.

■ 소재지(Location): 대한민국 경기도 여주시 세종대왕면 영릉로 269-10

■ 대표 업적
- 한글 창제: 1443년(세종 25년)~1446년 9월 반포
- 학문 창달
- 과학의 진흥
- 외치와 국방
- 음악의 정리
- 속육전 등의 법전 편찬 및 정리
- 각종 화학 무기 개발

※UNESCO World Cultural Heritage※
■ Yeongneung (King Sejong and Queen Soheon)
Yeongneung is a joint royal tomb enshrining King Sejong the Great, the 4th monarch of the Joseon Dynasty, and Queen Soheon of the Shim clan.
King Sejong, achieved remarkable feats during his reign, including the invention of Hangul and various scientific instruments, such as the Honcheonui.

■ Location: 269-10 Yeongneung-ro, Sejongdaewang-myeon, Yeoju-si, Gyeonggi-do, Republic of Korea

■ Major achievements
- Creation of Hangul: 1443 (25th Year of Sejong)–Promulgation in Sep. 1446
- Advancement of scholarship
- Promotion of science
- Foreign governance and national defense
- Systematization of music
- Compilation and organization of legal codes like Sokyukjeon (Amended Six Codes of Governance)
- Development of various chemical weapons

머리말 PREFACE

Let's learn Hangul!

The Korean alphabet, known as Hangul, consists of 14 consonants and 10 vowels in addition to some double consonants and double vowels, making sounds by their combination. Combinated letters of Hangul are about 11,170. Among them, 30% are mainly used. This book is edited focusing on the most frequently used-Hangul and emphasizing the followings:

- Basic learning process for consonants and vowels of Hangul
- Right usage by learning the stroke order
- Repetitive writing with enough space
- Useful supplementary materials at www.k-hangul.kr
- Most frequently-used Hangul characters and words in Korean daily life

Learning a language is learning the culture, broadening a perspective for its understanding. Therefore, if you study Hangul precisely, you can reach to a broad understanding of the realm of Korean culture and mindset including Hangul itself. Thank you!

k-hangul Publisher: Kwon, Yong-sun

한글은 자음 14자, 모음 10자 그 외에 겹자음과 겹모음의 조합으로 글자가 이루어지며 소리를 갖게 됩니다. 한글 조합자는 약 11,170자로 이루어져 있는데, 그중 30% 정도가 주로 사용되고 있습니다. 이 책은 실생활에서 자주 사용하는 우리말을 토대로 내용을 구성하였고, 다음 사항을 중심으로 개발 되었습니다.

- 한글의 자음과 모음을 기초로 배우는 기본학습내용으로 이루어져 있습니다.
- 한글의 필순을 제시하여 올바른 한글 사용의 기초를 튼튼히 다지도록 했습니다.
- 반복적인 쓰기 학습을 통해 자연스레 한글을 습득할 수 있도록 '쓰기'에 많은 지면을 할애하였습니다.
- 홈페이지(www.k-hangul.kr)에 교재와 병행 학습할 수 있는 자료를 제공하고 있습니다.
- 한국의 일상생활에서 자주 사용되는 글자나 낱말을 중심으로 내용을 구성하였습니다.
- 사용빈도가 높지 않은 한글에 대한 내용은 줄이고 꼭 필요한 내용만 수록하였습니다.

언어를 배우는 것은 문화를 배우는 것이며, 사고의 폭을 넓히는 계기가 됩니다. 이 책은 한글 학습에 기본이 되는 교재이므로 내용을 꼼꼼하게 터득하면 한글은 물론 한국의 문화와 정신까지 폭넓게 이해 하게 될 것입니다.

※ 참고 : 본 교재는 ❶기초편으로, ❷문장편 ❸대화편 ❹생활 편으로 구성되어 출간 판매 중에 있습니다. 〈The Basic Hangul Learning for Foreigners〉 textbook series include 1. Basics, 2. Sentences, 3. Conversations, and 4. Lifestyle.

※ 판매처 : 교보문고, 알라딘, yes24, 네이버, 쿠팡 등 For purchase, please visit Kyobo Bookstore, Aladdin, yes24, Naver, Coupang, and other bookstores.

저자 **권용선**

차례 CONTENTS

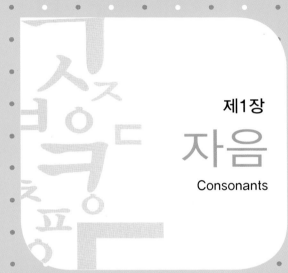

제1장

자음

Consonants

01 자음 [Consonants]

월 일

자음 읽기 [Reading Consonants]

ㄱ	ㄴ	ㄷ	ㄹ	ㅁ
기역(Giyeok)	니은(Nieun)	디귿(Digeut)	리을(Rieul)	미음(Mieum)
ㅂ	ㅅ	ㅇ	ㅈ	ㅊ
비읍(Bieup)	시옷(Siot)	이응(Ieung)	지읒(Jieut)	치읓(Chieut)
ㅋ	ㅌ	ㅍ	ㅎ	
키읔(Kieuk)	티읕(Tieut)	피읖(Pieup)	히읗(Hieut)	

자음 쓰기 [Writing Consonants]

ㄱ	ㄴ	ㄷ	ㄹ	ㅁ
기역(Giyeok)	니은(Nieun)	디귿(Digeut)	리을(Rieul)	미음(Mieum)
ㅂ	ㅅ	ㅇ	ㅈ	ㅊ
비읍(Bieup)	시옷(Siot)	이응(Ieung)	지읒(Jieut)	치읓(Chieut)
ㅋ	ㅌ	ㅍ	ㅎ	
키읔(Kieuk)	티읕(Tieut)	피읖(Pieup)	히읗(Hieut)	

O2 자음 [Consonants]

자음 익히기 [Drilling Consonants]

다음 자음을 쓰는 순서에 맞게 따라 쓰세요.
(Write the following consonants according to the right stroke order.)

자음	이름	쓰는 순서	영어 표기	쓰기					
ㄱ	기역	ㄱ	Giyeok	ㄱ					
ㄴ	니은	ㄴ	Nieun	ㄴ					
ㄷ	디귿	ㄷ	Digeut	ㄷ					
ㄹ	리을	ㄹ	Rieul	ㄹ					
ㅁ	미음	ㅁ	Mieum	ㅁ					
ㅂ	비읍	ㅂ	Bieup	ㅂ					
ㅅ	시옷	ㅅ	Siot	ㅅ					
ㅇ	이응	ㅇ	Ieung	ㅇ					
ㅈ	지읒	ㅈ	Jieut	ㅈ					
ㅊ	치읓	ㅊ	Chieut	ㅊ					
ㅋ	키읔	ㅋ	Kieuk	ㅋ					
ㅌ	티읕	ㅌ	Tieut	ㅌ					
ㅍ	피읖	ㅍ	Pieup	ㅍ					
ㅎ	히읗	ㅎ	Hieut	ㅎ					

한글 자음과 모음표 [Hangul Vowels and Consonants]

월   일

※ 참고 : 음절표(18p~37P)에서 학습할 내용

mp3 자음 모음	ㅏ (아)	ㅑ (야)	ㅓ (어)	ㅕ (여)	ㅗ (오)	ㅛ (요)	ㅜ (우)	ㅠ (유)	ㅡ (으)	ㅣ (이)
ㄱ (기역)	가	갸	거	겨	고	교	구	규	그	기
ㄴ (니은)	나	냐	너	녀	노	뇨	누	뉴	느	니
ㄷ (디귿)	다	댜	더	뎌	도	됴	두	듀	드	디
ㄹ (리을)	라	랴	러	려	로	료	루	류	르	리
ㅁ (미음)	마	먀	머	며	모	묘	무	뮤	므	미
ㅂ (비읍)	바	뱌	버	벼	보	뵤	부	뷰	브	비
ㅅ (시옷)	사	샤	서	셔	소	쇼	수	슈	스	시
ㅇ (이응)	아	야	어	여	오	요	우	유	으	이
ㅈ (지읒)	자	쟈	저	져	조	죠	주	쥬	즈	지
ㅊ (치읓)	차	챠	처	쳐	초	쵸	추	츄	츠	치
ㅋ (키읔)	카	캬	커	켜	코	쿄	쿠	큐	크	키
ㅌ (티읕)	타	탸	터	텨	토	툐	투	튜	트	티
ㅍ (피읖)	파	퍄	퍼	펴	포	표	푸	퓨	프	피
ㅎ (히읗)	하	햐	허	혀	호	효	후	휴	흐	히

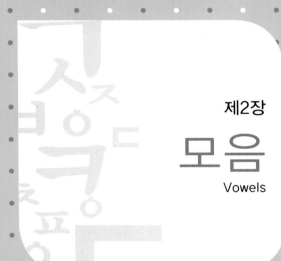

제2장

모음

Vowels

01 모음 [Vowels]

모음 읽기 [Reading Vowels]

ㅏ	ㅑ	ㅓ	ㅕ	ㅗ
아(A)	야(Ya)	어(Eo)	여(Yeo)	오(O)
ㅛ	ㅜ	ㅠ	ㅡ	ㅣ
요(Yo)	우(U)	유(Yu)	으(Eu)	이(I)

모음 쓰기 [Writing Vowels]

ㅏ	ㅑ	ㅓ	ㅕ	ㅗ
아(A)	야(Ya)	어(Eo)	여(Yeo)	오(O)
ㅛ	ㅜ	ㅠ	ㅡ	ㅣ
요(Yo)	우(U)	유(Yu)	으(Eu)	이(I)

02 모음 [Vowels]

⊞ 모음 익히기 [Drilling Vowels]

다음 모음을 쓰는 순서에 맞게 따라 쓰세요.
(Write the following vowels according to the right stroke order.)

모음	이름	쓰는 순서	영어 표기	쓰기					
ㅏ	아		A	ㅏ					
ㅑ	야		Ya	ㅑ					
ㅓ	어		Eo	ㅓ					
ㅕ	여		Yeo	ㅕ					
ㅗ	오		O	ㅗ					
ㅛ	요		Yo	ㅛ					
ㅜ	우		U	ㅜ					
ㅠ	유		Yu	ㅠ					
ㅡ	으		Eu	ㅡ					
ㅣ	이		I	ㅣ					

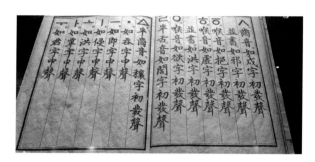 

- 훈민정음(訓民正音) : 새로 창제된 훈민정음을 1446년(세종 28) 정인지 등 집현전 학사들이 저술한 한문해설서이다. 해례가 붙어 있어서〈훈민정음 해례본 訓民正音 解例本〉이라고도 하며 예의(例義), 해례(解例), 정인지 서문으로 구성되어 있다. 특히 서문에는 **훈민정음을 만든 이유**, 편찬자, 편년월일, 우수성을 기록하고 있다. 1997년 유네스코 세계기록유산으로 등록되었다.

■ 훈민정음(訓民正音)을 만든 이유

- 훈민정음은 백성을 가르치는 바른 소리 -

훈민정음 서문에 나오는 '나랏말씀이 중국과 달라 한자와 서로 통하지 않는다.' 는 말은 풍속과 기질이 달라 성음(聲音)이 서로 같지 않게 된다는 것이다.

"이런 이유로 어리석은 백성이 말하고 싶은 것이 있어도 마침내 제 뜻을 표현하지 못하는 사람이 많다. 이를 불쌍히 여겨 새로 28자를 만들었으니 사람마다 쉽게 익혀 씀에 편하게 할 뿐이다."

지혜로운 사람은 아침나절이 되기 전에 이해하고 어리석은 사람도 열흘이면 배울 수 있는 훈민정음은 바람소리, 학의 울음이나 닭 울음소리, 개 짖는 소리까지 모두 표현해 쓸 수 있어 지구상의 모든 문자 가운데 가장 창의적이고 과학적이라는 찬사를 받는 문자이다.

-세종 28년-

■ 세종대왕 약력

- 조선 제4대 왕
- 이름: 이도
- 출생지: 서울(한양)
- 생년월일: 1397년 5월 15일~1450년 2월 17일
- 재위 기간: 1418년 8월~1450년 2월(31년 6개월)

■ The reason for creating Hunminjeongeum (訓民正音)

- Hunminjeongeum means "the correct sounds for the instruction of the people." -

The phrase from the preface of Hunminjeongeum, "The speech of our country is different from that of China and does not correspond with Chinese characters," implies that due to different customs and temperaments, the sounds (聲音) are not the same.

"For this reason, many ignorant people, despite wanting to express themselves, ultimately cannot convey their thoughts. Considering this pitiful, a new set of 28 characters was created, making it easy for everyone to conveniently learn and use."

Wise people can understand Hunminjeongeum before the morning is over, and even the foolish can learn it within ten days. Hunminjeongeum, capable of representing everything from the sound of the wind, the cries of cranes or roosters, to the barking of dogs, is praised as the most creative and scientific script among all scripts in the world.

- 28th Year of Sejong -

■ King Sejong the Great's biography

- The 4th King of Joseon
- Name: Yi Do
- Birthplace: Seoul (Hanyang)
- Date of Birth: May 15, 1397-Feb. 17, 1450
- Reign: Aug. 1418-Feb. 1450 (31 years, 6 months)

제3장

겹자음과 겹모음

Double Consonants and
Double Vowels

01 겹자음 [Double Consonants]

월   일

겹자음 읽기 [Reading Double Consonants]

ㄲ	ㄸ	ㅃ	ㅆ	ㅉ
쌍기역 (Ssanggiyeok)	쌍디귿 (Ssangdigeut)	쌍비읍 (Ssangbieup)	쌍시옷 (Ssangsiot)	쌍지읒 (Ssangjieut)

겹자음 쓰기 [Writing Double Consonants]

ㄲ	ㄸ	ㅃ	ㅆ	ㅉ
쌍기역 (Ssanggiyeok)	쌍디귿 (Ssangdigeut)	쌍비읍 (Ssangbieup)	쌍시옷 (Ssangsiot)	쌍지읒 (Ssangjieut)

겹자음 익히기 [Drilling Double Consonants]

다음 겹자음을 쓰는 순서에 맞게 따라 쓰세요.
(Write the following double consonants according to the right stroke order.)

겹자음	이름	쓰는 순서	영어 표기	쓰기			
ㄲ	쌍기역	ㄲ	Ssanggiyeok	ㄲ			
ㄸ	쌍디귿	ㄸ	Ssangdigeut	ㄸ			
ㅃ	쌍비읍	ㅃ	Ssangbieup	ㅃ			
ㅆ	쌍시옷	ㅆ	Ssangsiot	ㅆ			
ㅉ	쌍지읒	ㅉ	Ssangjieut	ㅉ			

02 겹모음 [Double Vowels]

월   일

겹모음 읽기 [Reading Double Vowels]

ㅐ	ㅔ	ㅒ	ㅖ	ㅘ
애(Ae)	에(E)	얘(Yae)	예(Ye)	와(Wa)
ㅙ	ㅚ	ㅝ	ㅞ	ㅟ
왜(Wae)	외(Oe)	워(Wo)	웨(We)	위(Wi)
ㅢ				
의(Ui)				

겹모음 쓰기 [Writing Double Vowels]

애(Ae)	에(E)	얘(Yae)	예(Ye)	와(Wa)
왜(Wae)	외(Oe)	워(Wo)	웨(We)	위(Wi)
의(Ui)				

O2 겹모음 [Double Vowels]

월   일

겹모음 익히기 [Drilling Double Vowels]

다음 겹모음을 쓰는 순서에 맞게 따라 쓰세요.

(Write the following double vowels according to the right stroke order.)

겹모음	이름	쓰는 순서	영어 표기	쓰기
ㅐ	애		Ae	ㅐ
ㅔ	에		E	ㅔ
ㅒ	얘		Yae	ㅒ
ㅖ	예		Ye	ㅖ
ㅘ	와		Wa	ㅘ
ㅙ	왜		Wae	ㅙ
ㅚ	외		Oe	ㅚ
ㅝ	워		Wo	ㅝ
ㅞ	웨		We	ㅞ
ㅟ	위		Wi	ㅟ
ㅢ	의		Ui	ㅢ

제4장

음절표

Syllables Board

자음+모음(ㅏ) [Consonant + Vowel]

월   일

자음+모음(ㅏ) 읽기 [Reading Consonant+Vowel]

가	나	다	라	마
Ga	Na	Da	Ra	Ma
바	사	아	자	차
Ba	Sa	A	Ja	Cha
카	타	파	하	
Ka	Ta	Pa	Ha	

자음+모음(ㅏ) 쓰기 [Writing Consonant+Vowel]

가	나	다	라	마
Ga	Na	Da	Ra	Ma
바	사	아	자	차
Ba	Sa	A	Ja	Cha
카	타	파	하	
Ka	Ta	Pa	Ha	

01 자음+모음(ㅏ) [Consonant + Vowel]

월   일

자음+모음(ㅏ) 익히기 [Drilling Consonant+Vowel]

다음 자음+모음(ㅏ)을 쓰는 순서에 맞게 따라 쓰세요.
(Write the following consonants+vowel(ㅏ) according to the right stroke order.)

자음+모음(ㅏ)	이름	쓰는 순서	영어 표기	쓰기			
ㄱ+ㅏ	가	가	Ga	가			
ㄴ+ㅏ	나	나	Na	나			
ㄷ+ㅏ	다	다	Da	다			
ㄹ+ㅏ	라	라	Ra	라			
ㅁ+ㅏ	마	마	Ma	마			
ㅂ+ㅏ	바	바	Ba	바			
ㅅ+ㅏ	사	사	Sa	사			
ㅇ+ㅏ	아	아	A	아			
ㅈ+ㅏ	자	자	Ja	자			
ㅊ+ㅏ	차	차	Cha	차			
ㅋ+ㅏ	카	카	Ka	카			
ㅌ+ㅏ	타	타	Ta	타			
ㅍ+ㅏ	파	파	Pa	파			
ㅎ+ㅏ	하	하	Ha	하			

02 자음+모음(ㅓ) [Consonant + Vowel]

자음+모음(ㅓ) 읽기 [Reading Consonant+Vowel]

거	너	더	러	머
Geo	Neo	Deo	Reo	Meo
버	서	어	저	처
Beo	Seo	Eo	Jeo	Cheo
커	터	퍼	허	
Keo	Teo	Peo	Heo	

자음+모음(ㅓ) 쓰기 [Writing Consonant+Vowel]

거	너	더	러	머
Geo	Neo	Deo	Reo	Meo
버	서	어	저	처
Beo	Seo	Eo	Jeo	Cheo
커	터	퍼	허	
Keo	Teo	Peo	Heo	

02 자음+모음(ㅓ) [Consonant + Vowel]

자음+모음(ㅓ) 익히기 [Drilling Consonant+Vowel]

다음 자음+모음(ㅓ)을 쓰는 순서에 맞게 따라 쓰세요.
(Write the following consonants+vowel(ㅓ) according to the right stroke order.)

자음+모음(ㅓ)	이름	쓰는 순서	영어 표기	쓰기				
ㄱ+ㅓ	거	거	Geo	거				
ㄴ+ㅓ	너	너	Neo	너				
ㄷ+ㅓ	더	더	Deo	더				
ㄹ+ㅓ	러	러	Reo	러				
ㅁ+ㅓ	머	머	Meo	머				
ㅂ+ㅓ	버	버	Beo	버				
ㅅ+ㅓ	서	서	Seo	서				
ㅇ+ㅓ	어	어	Eo	어				
ㅈ+ㅓ	저	저	Jeo	저				
ㅊ+ㅓ	처	처	Cheo	처				
ㅋ+ㅓ	커	커	Keo	커				
ㅌ+ㅓ	터	터	Teo	터				
ㅍ+ㅓ	퍼	퍼	Peo	퍼				
ㅎ+ㅓ	허	허	Heo	허				

자음+모음(ㅗ) [Consonant + Vowel]

월   일

자음+모음(ㅗ) 읽기 [Reading Consonant+Vowel]

고	노	도	로	모
Go	No	Do	Ro	Mo
보	소	오	조	초
Bo	So	O	Jo	Cho
코	토	포	호	
Ko	To	Po	Ho	

자음+모음(ㅗ) 쓰기 [Writing Consonant+Vowel]

고	노	도	로	모
Go	No	Do	Ro	Mo
보	소	오	조	초
Bo	So	O	Jo	Cho
코	토	포	호	
Ko	To	Po	Ho	

자음+모음(ㅗ) [Consonant + Vowel]

월　일

자음+모음(ㅗ) 익히기 [Drilling Consonant+Vowel]

다음 자음+모음(ㅗ)을 쓰는 순서에 맞게 따라 쓰세요.
(Write the following consonants+vowel(ㅗ) according to the right stroke order.)

자음+모음(ㅗ)	이름	쓰는 순서	영어 표기	쓰기				
ㄱ+ㅗ	고	고	Go	고				
ㄴ+ㅗ	노	노	No	노				
ㄷ+ㅗ	도	도	Do	도				
ㄹ+ㅗ	로	로	Ro	로				
ㅁ+ㅗ	모	모	Mo	모				
ㅂ+ㅗ	보	보	Bo	보				
ㅅ+ㅗ	소	소	So	소				
ㅇ+ㅗ	오	오	O	오				
ㅈ+ㅗ	조	조	Jo	조				
ㅊ+ㅗ	초	초	Cho	초				
ㅋ+ㅗ	코	코	Ko	코				
ㅌ+ㅗ	토	토	To	토				
ㅍ+ㅗ	포	포	Po	포				
ㅎ+ㅗ	호	호	Ho	호				

O4 자음+모음(ㅜ) [Consonant + Vowel]

월   일

자음+모음(ㅜ) 읽기 [Reading Consonant+Vowel]

구	누	두	루	무
Gu	Nu	Du	Ru	Mu
부	수	우	주	추
Bu	Su	U	Ju	Chu
쿠	투	푸	후	
Ku	Tu	Pu	Hu	

자음+모음(ㅜ) 쓰기 [Writing Consonant+Vowel]

구	누	두	루	무
Gu	Nu	Du	Ru	Mu
부	수	우	주	추
Bu	Su	U	Ju	Chu
쿠	투	푸	후	
Ku	Tu	Pu	Hu	

04 자음+모음(ㅜ) [Consonant + Vowel]

자음+모음(ㅜ) 익히기 [Drilling Consonant+Vowel]

다음 자음+모음(ㅜ)을 쓰는 순서에 맞게 따라 쓰세요.

(Write the following consonants+vowel(ㅜ) according to the right stroke order.)

자음+모음(ㅜ)	이름	쓰는 순서	영어 표기	쓰기				
ㄱ+ㅜ	구	구	Gu	구				
ㄴ+ㅜ	누	누	Nu	누				
ㄷ+ㅜ	두	두	Du	두				
ㄹ+ㅜ	루	루	Ru	루				
ㅁ+ㅜ	무	무	Mu	무				
ㅂ+ㅜ	부	부	Bu	부				
ㅅ+ㅜ	수	수	Su	수				
ㅇ+ㅜ	우	우	U	우				
ㅈ+ㅜ	주	주	Ju	주				
ㅊ+ㅜ	추	추	Chu	추				
ㅋ+ㅜ	쿠	쿠	Ku	쿠				
ㅌ+ㅜ	투	투	Tu	투				
ㅍ+ㅜ	푸	푸	Pu	푸				
ㅎ+ㅜ	후	후	Hu	후				

O5 자음+모음(ㅡ) [Consonant + Vowel]

월   일

자음+모음(ㅡ) 읽기 [Reading Consonant+Vowel]

그	느	드	르	므
Geu	Neu	Deu	Reu	Meu
브	스	으	즈	츠
Beu	Seu	Eu	Jeu	Cheu
크	트	프	흐	
Keu	Teu	Peu	Heu	

자음+모음(ㅡ) 쓰기 [Writing Consonant+Vowel]

그	느	드	르	므
Geu	Neu	Deu	Reu	Meu
브	스	으	즈	츠
Beu	Seu	Eu	Jeu	Cheu
크	트	프	흐	
Keu	Teu	Peu	Heu	

자음+모음(ㅡ) [Consonant + Vowel]

월 일

자음+모음(ㅡ) 익히기 [Drilling Consonant+Vowel]

다음 자음+모음(ㅡ)을 쓰는 순서에 맞게 따라 쓰세요.
(Write the following consonants+vowel(ㅡ) according to the right stroke order.)

자음+모음(ㅡ)	이름	쓰는 순서	영어 표기	쓰기			
ㄱ+ㅡ	그	그	Geu	그			
ㄴ+ㅡ	느	느	Neu	느			
ㄷ+ㅡ	드	드	Deu	드			
ㄹ+ㅡ	르	르	Reu	르			
ㅁ+ㅡ	므	므	Meu	므			
ㅂ+ㅡ	브	브	Beu	브			
ㅅ+ㅡ	스	스	Seu	스			
ㅇ+ㅡ	으	으	Eu	으			
ㅈ+ㅡ	즈	즈	Jeu	즈			
ㅊ+ㅡ	츠	츠	Cheu	츠			
ㅋ+ㅡ	크	크	Keu	크			
ㅌ+ㅡ	트	트	Teu	트			
ㅍ+ㅡ	프	프	Peu	프			
ㅎ+ㅡ	흐	흐	Heu	흐			

자음+모음(ㅑ) 읽기 [Reading Consonant+Vowel]

갸	냐	댜	랴	먀
Gya	Nya	Dya	Rya	Mya
뱌	샤	야	쟈	챠
Bya	Sya	Ya	Jya	Chya
캬	탸	퍄	햐	
Kya	Tya	Pya	Hya	

자음+모음(ㅑ) 쓰기 [Writing Consonant+Vowel]

갸	냐	댜	랴	먀
Gya	Nya	Dya	Rya	Mya
뱌	샤	야	쟈	챠
Bya	Sya	Ya	Jya	Chya
캬	탸	퍄	햐	
Kya	Tya	Pya	Hya	

06 자음+모음(ㅑ) [Consonant + Vowel]

월   일

자음+모음(ㅑ) 익히기 [Drilling Consonant+Vowel]

다음 자음+모음(ㅑ)을 쓰는 순서에 맞게 따라 쓰세요.
(Write the following consonants+vowel(ㅑ) according to the right stroke order.)

자음+모음(ㅑ)	이름	쓰는 순서	영어 표기	쓰기				
ㄱ+ㅑ	갸	갸	Gya	갸				
ㄴ+ㅑ	냐	냐	Nya	냐				
ㄷ+ㅑ	댜	댜	Dya	댜				
ㄹ+ㅑ	랴	랴	Rya	랴				
ㅁ+ㅑ	먀	먀	Mya	먀				
ㅂ+ㅑ	뱌	뱌	Bya	뱌				
ㅅ+ㅑ	샤	샤	Sya	샤				
ㅇ+ㅑ	야	야	Ya	야				
ㅈ+ㅑ	쟈	쟈	Jya	쟈				
ㅊ+ㅑ	챠	챠	Chya	챠				
ㅋ+ㅑ	캬	캬	Kya	캬				
ㅌ+ㅑ	탸	탸	Tya	탸				
ㅍ+ㅑ	퍄	퍄	Pya	퍄				
ㅎ+ㅑ	햐	햐	Hya	햐				

자음+모음(ㅕ) [Consonant + Vowel]

월   일

자음+모음(ㅕ) 읽기 [Reading Consonant+Vowel]

겨	녀	뎌	려	며
Gyeo	Nyeo	Dyeo	Ryeo	Myeo
벼	셔	여	져	쳐
Byeo	Syeo	Yeo	Jyeo	Chyeo
켜	텨	펴	혀	
Kya	Tyeo	Pyeo	Hyeo	

자음+모음(ㅕ) 쓰기 [Writing Consonant+Vowel]

겨	녀	뎌	려	며
Gyeo	Nyeo	Dyeo	Rya	Myeo
벼	셔	여	져	쳐
Byeo	Syeo	Yeo	Jyeo	Chyeo
켜	텨	펴	혀	
Kyeo	Tyeo	Pyeo	Hyeo	

07 자음+모음(ㅕ) [Consonant + Vowel]

월   일

자음+모음(ㅕ) 익히기 [Drilling Consonant+Vowel]

다음 자음+모음(ㅕ)을 쓰는 순서에 맞게 따라 쓰세요.
(Write the following consonants+vowel(ㅕ) according to the right stroke order.)

자음+모음(ㅕ)	이름	쓰는 순서	영어 표기	쓰기				
ㄱ+ㅕ	겨	겨	Gyeo	겨				
ㄴ+ㅕ	녀	녀	Nyeo	녀				
ㄷ+ㅕ	뎌	뎌	Dyeo	뎌				
ㄹ+ㅕ	려	려	Ryeo	려				
ㅁ+ㅕ	며	며	Myeo	며				
ㅂ+ㅕ	벼	벼	Byeo	벼				
ㅅ+ㅕ	셔	셔	Syeo	셔				
ㅇ+ㅕ	여	여	Yeo	여				
ㅈ+ㅕ	져	져	Jyeo	져				
ㅊ+ㅕ	쳐	쳐	Chyeo	쳐				
ㅋ+ㅕ	켜	켜	Kyeo	켜				
ㅌ+ㅕ	텨	텨	Tyeo	텨				
ㅍ+ㅕ	펴	펴	Pyeo	펴				
ㅎ+ㅕ	펴	혀	Hyeo	혀				

자음+모음(ㅛ) [Consonant + Vowel]

월   일

자음+모음(ㅛ) 읽기 [Reading Consonant+Vowel]

교	뇨	됴	료	묘
Gyo	Nyo	Dyo	Ryo	Myo
뵤	쇼	요	죠	쵸
Byo	Syo	Yo	Jyo	Chyo
쿄	툐	표	효	
Kyo	Tyo	Pyo	Hyo	

자음+모음(ㅛ) 쓰기 [Writing Consonant+Vowel]

교	뇨	됴	료	묘
Gyo	Nyo	Dyo	Ryo	Myo
뵤	쇼	요	죠	쵸
Byo	Syo	Yo	Jyo	Chyo
쿄	툐	표	효	
Kyo	Tyo	Pyo	Hyo	

08 자음+모음(ㅛ) [Consonant + Vowel]

월   일

자음+모음(ㅛ) 익히기 [Drilling Consonant+Vowel]

다음 자음+모음(ㅛ)을 쓰는 순서에 맞게 따라 쓰세요.
(Write the following consonants+vowel(ㅛ) according to the right stroke order.)

자음+모음(ㅛ)	이름	쓰는 순서	영어 표기	쓰기			
ㄱ+ㅛ	교	교	Gyo	교			
ㄴ+ㅛ	뇨	뇨	Nyo	뇨			
ㄷ+ㅛ	됴	됴	Dyo	됴			
ㄹ+ㅛ	료	료	Ryo	료			
ㅁ+ㅛ	묘	묘	Myo	묘			
ㅂ+ㅛ	뵤	뵤	Byo	뵤			
ㅅ+ㅛ	쇼	쇼	Syo	쇼			
ㅇ+ㅛ	요	요	Yo	요			
ㅈ+ㅛ	죠	죠	Jyo	죠			
ㅊ+ㅛ	쵸	쵸	Chyo	쵸			
ㅋ+ㅛ	쿄	쿄	Kyo	쿄			
ㅌ+ㅛ	툐	툐	Tyo	툐			
ㅍ+ㅛ	표	표	Pyo	표			
ㅎ+ㅛ	효	효	Hyo	효			

09 자음+모음(ㅠ) [Consonant + Vowel]

월   일

자음+모음(ㅠ) 읽기 [Reading Consonant+Vowel]

규	뉴	듀	류	뮤
Gyu	Nyu	Dyu	Ryu	Myu
뷰	슈	유	쥬	츄
Byu	Syu	Yu	Jyu	Chyu
큐	튜	퓨	휴	
Kyu	Tyu	Pyu	Hyu	

자음+모음(ㅠ) 쓰기 [Writing Consonant+Vowel]

규	뉴	듀	류	뮤
Gyu	Nyu	Dyu	Ryu	Myu
뷰	슈	유	쥬	츄
Byu	Syu	Yu	Jyu	Chyu
큐	튜	퓨	휴	
Kyu	Tyu	Pyu	Hyu	

09

자음+모음(ㅠ) [Consonant + Vowel]

월   일

자음+모음(ㅠ) 익히기 [Drilling Consonant+Vowel]

다음 자음+모음(ㅠ)을 쓰는 순서에 맞게 따라 쓰세요.
(Write the following consonants+vowel(ㅠ) according to the right stroke order.)

자음+모음(ㅠ)	이름	쓰는 순서	영어 표기	쓰기				
ㄱ+ㅠ	규	규	Gyu	규				
ㄴ+ㅠ	뉴	뉴	Nyu	뉴				
ㄷ+ㅠ	듀	듀	Dyu	듀				
ㄹ+ㅠ	류	류	Ryu	류				
ㅁ+ㅠ	뮤	뮤	Myu	뮤				
ㅂ+ㅠ	뷰	뷰	Byu	뷰				
ㅅ+ㅠ	슈	슈	Syu	슈				
ㅇ+ㅠ	유	유	Yu	유				
ㅈ+ㅠ	쥬	쥬	Jyu	쥬				
ㅊ+ㅠ	츄	츄	Chyu	츄				
ㅋ+ㅠ	큐	큐	Kyu	큐				
ㅌ+ㅠ	튜	튜	Tyu	튜				
ㅍ+ㅠ	퓨	퓨	Pyu	퓨				
ㅎ+ㅠ	휴	휴	Hyu	휴				

자음+모음(ㅣ) [Consonant + Vowel]

월   일

자음+모음(ㅣ) 읽기 [Reading Consonant+Vowel]

기	니	디	리	미
Gi	Ni	Di	Ri	Mi
비	시	이	지	치
Bi	Si	I	Ji	Chi
키	티	피	히	
Ki	Ti	Pi	Hi	

자음+모음(ㅣ) 쓰기 [Writing Consonant+Vowel]

기	니	디	리	미
Gi	Ni	Di	Ri	Mi
비	지	이	지	치
Bi	Si	I	Ji	Chi
키	티	피	히	
Ki	Ti	Pi	Hi	

10 자음+모음(ㅣ) [Consonant + Vowel]

월   일

자음+모음(ㅣ) 익히기 [Drilling Consonant+Vowel]

다음 자음+모음(ㅣ)을 쓰는 순서에 맞게 따라 쓰세요.

(Write the following consonants+vowel(ㅣ) according to the right stroke order.)

자음+모음(ㅣ)	이름	쓰는 순서	영어 표기	쓰기				
ㄱ+ㅣ	기	기	Gi	기				
ㄴ+ㅣ	니	니	Ni	니				
ㄷ+ㅣ	디	디	Di	디				
ㄹ+ㅣ	리	리	Ri	리				
ㅁ+ㅣ	미	미	Mi	미				
ㅂ+ㅣ	비	비	Bi	비				
ㅅ+ㅣ	시	시	Si	시				
ㅇ+ㅣ	이	이	I	이				
ㅈ+ㅣ	지	지	Ji	지				
ㅊ+ㅣ	치	치	Chi	치				
ㅋ+ㅣ	키	키	Ki	키				
ㅌ+ㅣ	티	티	Ti	티				
ㅍ+ㅣ	피	피	Pi	피				
ㅎ+ㅣ	히	히	Hi	히				

한글 자음과 모음 받침표 [Hangul Vowels and consonants final consonant]

월   일

※ 참고 : 받침 'ㄱ∼ㅎ'(49p∼62P)에서 학습할 내용

mp3 / 받침	가	나	다	라	마	바	사	아	자	차	카	타	파	하
ㄱ	각	낙	닥	락	막	박	삭	악	작	착	칵	탁	팍	학
ㄴ	간	난	단	란	만	반	산	안	잔	찬	칸	탄	판	한
ㄷ	갇	낟	닫	랃	맏	받	삳	앋	잗	찯	칻	탇	팓	핟
ㄹ	갈	날	달	랄	말	발	살	알	잘	찰	칼	탈	팔	할
ㅁ	감	남	담	람	맘	밤	삼	암	잠	참	캄	탐	팜	함
ㅂ	갑	납	답	랍	맙	밥	삽	압	잡	찹	캅	탑	팝	합
ㅅ	갓	낫	닷	랏	맛	밧	삿	앗	잣	찻	캇	탓	팟	핫
ㅇ	강	낭	당	랑	망	방	상	앙	장	창	캉	탕	팡	항
ㅈ	갖	낮	닺	랒	맞	밪	샂	앚	잦	찾	캊	탖	팢	핫
ㅊ	갗	낯	닻	랓	맟	밫	샃	앛	잧	챛	캋	탗	팣	핯
ㅋ	갘	낰	닼	랔	맠	밬	샄	앜	잨	챜	캌	탘	팤	핰
ㅌ	같	낱	닽	랕	맡	밭	샅	앝	잩	챝	캍	탙	팥	핱
ㅍ	갚	낲	닾	랖	맢	밮	샆	앞	잪	챞	캎	탚	팦	핲
ㅎ	갛	낳	닿	랗	맣	밯	샇	앟	잫	챟	캏	탛	팧	핳

제5장

자음과 겹모음

Consonants and
Double Vowels

국어국립원의 '우리말샘'에 등록되지 않은 글자. 또는 쓰임이 적은
글자를 아래와 같이 수록하니, 학습에 참고하시길 바랍니다.

01 자음+겹모음(ㅐ)
[Consonant + Double Vowel]

월   일

자음+겹모음(ㅐ) [Consonant+Double Vowel]

다음 자음+겹모음(ㅐ)을 쓰는 순서에 맞게 따라 쓰세요.
(Write the following consonants+double vowel(ㅐ) according to the right stroke order.)

자음+겹모음(ㅐ)	영어 표기	쓰기
ㄱ+ㅐ	Gae	개
ㄴ+ㅐ	Nae	내
ㄷ+ㅐ	Dae	대
ㄹ+ㅐ	Rae	래
ㅁ+ㅐ	Mae	매
ㅂ+ㅐ	Bae	배
ㅅ+ㅐ	Sae	새
ㅇ+ㅐ	Ae	애
ㅈ+ㅐ	Jae	재
ㅊ+ㅐ	Chae	채
ㅋ+ㅐ	Kae	캐
ㅌ+ㅐ	Tae	태
ㅍ+ㅐ	Pae	패
ㅎ+ㅐ	Hae	해

자음+겹모음(ㅔ)

[Consonant + Double Vowel]

월   일

자음+겹모음(ㅔ) [Consonant+Double Vowel]

다음 자음+겹모음(ㅔ)을 쓰는 순서에 맞게 따라 쓰세요.

(Write the following consonants+double vowel(ㅔ) according to the right stroke order.)

자음+겹모음(ㅔ)	영어 표기	쓰기					
ㄱ+ㅔ	Ge	게					
ㄴ+ㅔ	Ne	네					
ㄷ+ㅔ	De	데					
ㄹ+ㅔ	Re	레					
ㅁ+ㅔ	Me	메					
ㅂ+ㅔ	Be	베					
ㅅ+ㅔ	Se	세					
ㅇ+ㅔ	E	에					
ㅈ+ㅔ	Je	제					
ㅊ+ㅔ	Che	체					
ㅋ+ㅔ	Ke	케					
ㅌ+ㅔ	Te	테					
ㅍ+ㅔ	Pe	페					
ㅎ+ㅔ	He	헤					

03 자음+겹모음(ㅖ)
[Consonant + Double Vowel]

월   일

자음+겹모음(ㅖ) [Consonant+Double Vowel]

다음 자음+겹모음(ㅖ)을 쓰는 순서에 맞게 따라 쓰세요.
(Write the following consonants+double vowel(ㅖ) according to the right stroke order.)

자음+겹모음(ㅖ)	영어 표기	쓰기				
ㄱ+ㅖ	Gye	계				
ㄴ+ㅖ	Nye	녜				
ㄷ+ㅖ	Dye	뎨				
ㄹ+ㅖ	Rye	례				
ㅁ+ㅖ	Mye	몌				
ㅂ+ㅖ	Bye	볘				
ㅅ+ㅖ	Sye	셰				
ㅇ+ㅖ	Ye	예				
ㅈ+ㅖ	Jye	졔				
ㅊ+ㅖ	Chye	쳬				
ㅋ+ㅖ	Kye	켸				
ㅌ+ㅖ	Tye	톄				
ㅍ+ㅖ	Pye	폐				
ㅎ+ㅖ	Hye	혜				

04 자음+겹모음(ㅘ)
[Consonant + Double Vowel]

자음+겹모음(ㅘ) [Consonant+Double Vowel]

다음 자음+겹모음(ㅘ)을 쓰는 순서에 맞게 따라 쓰세요.
(Write the following consonants+double vowel(ㅘ) according to the right stroke order.)

자음+겹모음(ㅘ)	영어 표기	쓰기						
ㄱ+ㅘ	Gwa	과						
ㄴ+ㅘ	Nwa	놔						
ㄷ+ㅘ	Dwa	돠						
ㄹ+ㅘ	Rwa	롸						
ㅁ+ㅘ	Mwa	뫄						
ㅂ+ㅘ	Bwa	봐						
ㅅ+ㅘ	Swa	솨						
ㅇ+ㅘ	Wa	와						
ㅈ+ㅘ	Jwa	좌						
ㅊ+ㅘ	Chwa	촤						
ㅋ+ㅘ	Kwa	콰						
ㅌ+ㅘ	Twa	톼						
ㅍ+ㅘ	Pwa	퐈						
ㅎ+ㅘ	Hwa	화						

05 자음+겹모음(ㅙ)

[Consonant + Double Vowel]

자음+겹모음(ㅙ) [Consonant+Double Vowel]

다음 자음+겹모음(ㅙ)을 쓰는 순서에 맞게 따라 쓰세요.

(Write the following consonants+double vowel(ㅙ) according to the right stroke order.)

자음+겹모음(ㅙ)	영어 표기	쓰기						
ㄱ+ㅙ	Gwae	괘						
ㄴ+ㅙ	Nwae	놰						
ㄷ+ㅙ	Dwae	돼						
ㄹ+ㅙ	Rwae	뢔						
ㅁ+ㅙ	Mwae	뫠						
ㅂ+ㅙ	Bwae	봬						
ㅅ+ㅙ	Swae	쇄						
ㅇ+ㅙ	Wae	왜						
ㅈ+ㅙ	Jwae	좨						
ㅊ+ㅙ	Chwae	좼						
ㅋ+ㅙ	Kwae	쾌						
ㅌ+ㅙ	Twae	퇘						
ㅍ+ㅙ	Pwae	퐤						
ㅎ+ㅙ	Hwae	홰						

06 자음+겹모음(ㅚ)
[Consonant + Double Vowel]

월   일

자음+겹모음(ㅚ) [Consonant+Double Vowel]

다음 자음+겹모음(ㅚ)을 쓰는 순서에 맞게 따라 쓰세요.
(Write the following consonants+double vowel(ㅚ) according to the right stroke order.)

자음+겹모음(ㅚ)	영어 표기	쓰기							
ㄱ+ㅚ	Goe	괴							
ㄴ+ㅚ	Noe	뇌							
ㄷ+ㅚ	Doe	되							
ㄹ+ㅚ	Roe	뢰							
ㅁ+ㅚ	Moe	뫼							
ㅂ+ㅚ	Boe	뵈							
ㅅ+ㅚ	Soe	쇠							
ㅇ+ㅚ	Oe	외							
ㅈ+ㅚ	Joe	죄							
ㅊ+ㅚ	Choe	최							
ㅋ+ㅚ	Koe	쾨							
ㅌ+ㅚ	Toe	퇴							
ㅍ+ㅚ	Poe	푀							
ㅎ+ㅚ	Hoe	회							

07 자음+겹모음(ㅝ)

[Consonant + Double Vowel]

월 일

자음+겹모음(ㅝ) [Consonant+Double Vowel]

다음 자음+겹모음(ㅝ)을 쓰는 순서에 맞게 따라 쓰세요.

(Write the following consonants+double vowel(ㅝ) according to the right stroke order.)

자음+겹모음(ㅝ)	영어 표기	쓰기					
ㄱ+ㅝ	Gwo	궈					
ㄴ+ㅝ	Nwo	눠					
ㄷ+ㅝ	Dwo	둬					
ㄹ+ㅝ	Rwo	뤄					
ㅁ+ㅝ	Mwo	뭐					
ㅂ+ㅝ	Bwo	붜					
ㅅ+ㅝ	Swo	숴					
ㅇ+ㅝ	Wo	워					
ㅈ+ㅝ	Jwo	줘					
ㅊ+ㅝ	Chwo	춰					
ㅋ+ㅝ	Kwo	쿼					
ㅌ+ㅝ	Two	퉈					
ㅍ+ㅝ	Pwo	풔					
ㅎ+ㅝ	Hwo	훠					

O8 자음+겹모음(ㅟ)

[Consonant + Double Vowel]

월   일

자음+겹모음(ㅟ) [Consonant+Double Vowel]

다음 자음+겹모음(ㅟ)을 쓰는 순서에 맞게 따라 쓰세요.
(Write the following consonants+double vowel(ㅟ) according to the right stroke order.)

자음+겹모음(ㅟ)	영어 표기	쓰기						
ㄱ+ㅟ	Gwi	귀						
ㄴ+ㅟ	Nwi	뉘						
ㄷ+ㅟ	Dwi	뒤						
ㄹ+ㅟ	Rwi	뤼						
ㅁ+ㅟ	Mwi	뮈						
ㅂ+ㅟ	Bwi	뷔						
ㅅ+ㅟ	Swi	쉬						
ㅇ+ㅟ	Wi	위						
ㅈ+ㅟ	Jwi	쥐						
ㅊ+ㅟ	Chwi	취						
ㅋ+ㅟ	Kwi	퀴						
ㅌ+ㅟ	Twi	튀						
ㅍ+ㅟ	Pwi	퓌						
ㅎ+ㅟ	Hwi	휘						

09 자음+겹모음(ᅱ)

[Consonant + Double Vowel]

월   일

자음+겹모음(ᅱ) [Consonant+Double Vowel]

다음 자음+겹모음(ᅱ)을 쓰는 순서에 맞게 따라 쓰세요.

(Write the following consonants+double vowel(ᅱ) according to the right stroke order.)

자음+겹모음(ᅱ)	영어 표기	쓰기					
ㄱ+ᅱ	Gwi	귀					
ㄴ+ᅱ	Nwi	뉘					
ㄷ+ᅱ	Dwi	뒤					
ㄹ+ᅱ	Rwi	뤼					
ㅁ+ᅱ	Mwi	뮈					
ㅂ+ᅱ	Bwi	뷔					
ㅅ+ᅱ	Swi	쉬					
ㅇ+ᅱ	Wi	위					
ㅈ+ᅱ	Jwi	쥐					
ㅊ+ᅱ	Chwi	취					
ㅋ+ᅱ	Kwi	퀴					
ㅌ+ᅱ	Twi	튀					
ㅍ+ᅱ	Pwi	퓌					
ㅎ+ᅱ	Hwi	휘					

10 받침 ㄱ(기역)이 있는 글자
[Final Consonant 'ㄱ'(Giyeok)]

받침 ㄱ(기역) [Final Consonant 'ㄱ'(Giyeok)]

다음 받침 ㄱ(기역)이 들어간 글자를 쓰는 순서에 맞게 따라 쓰세요.
(Write the following letters with consonant 'ㄱ'(Giyeok) coming at the lower part of a syllable according to the right stroke order.)

받침 ㄱ(기역)	영어 표기	쓰기					
가+ㄱ	Gak	각					
나+ㄱ	Nak	낙					
다+ㄱ	Dak	닥					
라+ㄱ	Rak	락					
마+ㄱ	Mak	막					
바+ㄱ	Bak	박					
사+ㄱ	Sak	삭					
아+ㄱ	Ak	악					
자+ㄱ	Jak	작					
차+ㄱ	Chak	착					
카+ㄱ	Kak	칵					
타+ㄱ	Tak	탁					
파+ㄱ	Pak	팍					
하+ㄱ	Hak	학					

받침 ㄴ(니은)이 있는 글자

[Final Consonant 'ㄴ'(Nieun)]

월   일

받침 ㄴ(니은) [Final Consonant 'ㄴ'(Nieun)]

다음 받침 ㄴ(니은)이 들어간 글자를 쓰는 순서에 맞게 따라 쓰세요.
(Write the following letters with consonant 'ㄴ'(Nieun) coming at the lower part of a syllable according to the right stroke order.)

받침 ㄴ(니은)	영어 표기	쓰기					
가+ㄴ	Gan	간					
나+ㄴ	Nan	난					
다+ㄴ	Dan	단					
라+ㄴ	Ran	란					
마+ㄴ	Man	만					
바+ㄴ	Ban	반					
사+ㄴ	San	산					
아+ㄴ	An	안					
자+ㄴ	Jan	잔					
차+ㄴ	Chan	찬					
카+ㄴ	Kan	칸					
타+ㄴ	Tan	탄					
파+ㄴ	Pan	판					
하+ㄴ	Han	한					

받침 ㄷ(디귿)이 있는 글자
[Final Consonant 'ㄷ'(Digeut)]

받침 ㄷ(디귿) [Final Consonant 'ㄷ'(Digeut)]

다음 받침 ㄷ(디귿)이 들어간 글자를 쓰는 순서에 맞게 따라 쓰세요.
(Write the following letters with consonant 'ㄷ'(Digeut) coming at the lower part of a syllable according to the right stroke order.)

받침 ㄷ(디귿)	영어 표기	쓰기					
가+ㄷ	Gat	갇					
나+ㄷ	Nat	낟					
다+ㄷ	Dat	닫					
라+ㄷ	Rat	랃					
마+ㄷ	Mat	맏					
바+ㄷ	Bat	받					
사+ㄷ	Sat	삳					
아+ㄷ	At	앋					
자+ㄷ	Jat	잗					
차+ㄷ	Chat	찯					
카+ㄷ	Kat	칻					
타+ㄷ	Tat	탇					
파+ㄷ	Pat	팓					
하+ㄷ	Hat	핟					

13 받침 ㄹ(리을)이 있는 글자
[Final Consonant 'ㄹ'(Rieul)]

월 일

ㄹ 받침 ㄹ(리을) [Final Consonant 'ㄹ'(Rieul)]

다음 받침 ㄹ(리을)이 들어간 글자를 쓰는 순서에 맞게 따라 쓰세요.
(Write the following letters with consonant 'ㄹ'(Rieul) coming at the lower part of a syllable according to the right stroke order.)

받침 ㄹ(리을)	영어 표기	쓰기				
가+ㄹ	Gal	갈				
나+ㄹ	Nal	날				
다+ㄹ	Dal	달				
라+ㄹ	Ral	랄				
마+ㄹ	Mal	말				
바+ㄹ	Bal	발				
사+ㄹ	Sal	살				
아+ㄹ	Al	알				
자+ㄹ	Jal	잘				
차+ㄹ	Chal	찰				
카+ㄹ	Kal	칼				
타+ㄹ	Tal	탈				
파+ㄹ	Pal	팔				
하+ㄹ	Hal	할				

받침 ㅁ(미음)이 있는 글자
[Final Consonant 'ㅁ'(Mieum)]

월   일

받침 ㅁ(미음) [Final Consonant 'ㅁ'(Mieum)]

다음 받침 ㅁ(미음)이 들어간 글자를 쓰는 순서에 맞게 따라 쓰세요.
(Write the following letters with consonant 'ㅁ'(Mieum) coming at the lower part of a syllable according to the right stroke order.)

받침 ㅁ(미음)	영어 표기	쓰기						
가+ㅁ	Gam	감						
나+ㅁ	Nam	남						
다+ㅁ	Dam	담						
라+ㅁ	Ram	람						
마+ㅁ	Mam	맘						
바+ㅁ	Bam	밤						
사+ㅁ	Sam	삼						
아+ㅁ	Am	암						
자+ㅁ	Jam	잠						
차+ㅁ	Cham	참						
카+ㅁ	Kam	캄						
타+ㅁ	Tam	탐						
파+ㅁ	Pam	팜						
하+ㅁ	Ham	함						

15 받침 ㅂ(비읍)이 있는 글자
[Final Consonant 'ㅂ'(Bieup)]

월   일

받침 ㅂ(비읍) [Final Consonant 'ㅂ'(Bieup)]

다음 받침 ㅂ(비읍)이 들어간 글자를 쓰는 순서에 맞게 따라 쓰세요.
(Write the following letters with consonant 'ㅂ'(Bieup) coming at the lower part of a syllable according to the right stroke order.)

받침 ㅂ(비읍)	영어 표기	쓰기				
가+ㅂ	Gap	갑				
나+ㅂ	Nap	납				
다+ㅂ	Dap	답				
라+ㅂ	Rap	랍				
마+ㅂ	Map	맙				
바+ㅂ	Bap	밥				
사+ㅂ	Sap	삽				
아+ㅂ	Ap	압				
자+ㅂ	Jap	잡				
차+ㅂ	Chap	찹				
카+ㅂ	Kap	캅				
타+ㅂ	Tap	탑				
파+ㅂ	Pap	팝				
하+ㅂ	Hap	합				

▦ 받침 ㅅ(시옷) [Final Consonant 'ㅅ'(Siot)]

다음 받침 ㅅ(시옷)이 들어간 글자를 쓰는 순서에 맞게 따라 쓰세요.
(Write the following letters with consonant 'ㅅ'(Siot) coming at the lower part of a syllable according to the right stroke order.)

받침 ㅅ(시옷)	영어 표기	쓰기					
가+ㅅ	Gat	갓					
나+ㅅ	Nat	낫					
다+ㅅ	Dat	닷					
라+ㅅ	Rat	랏					
마+ㅅ	Mat	맛					
바+ㅅ	Bat	밧					
사+ㅅ	Sat	삿					
아+ㅅ	At	앗					
자+ㅅ	Jat	잣					
차+ㅅ	Chat	찻					
카+ㅅ	Kat	캇					
타+ㅅ	Tat	탓					
파+ㅅ	Pat	팟					
하+ㅅ	Hat	핫					

17 받침 ㅇ(이응)이 있는 글자
[Final Consonant 'ㅇ'(Ieung)]

월   일

ᄒ 받침 ㅇ(이응) [Final Consonant 'ㅇ'(Ieung)]

다음 받침 ㅇ(이응)이 들어간 글자를 쓰는 순서에 맞게 따라 쓰세요.
(Write the following letters with consonant 'ㅇ'(Ieung) coming at the lower part of a syllable according to the right stroke order.)

받침 ㅇ(이응)	영어 표기	쓰기					
가+ㅇ	Gang	강					
나+ㅇ	Nang	낭					
다+ㅇ	Dang	당					
라+ㅇ	Rang	랑					
마+ㅇ	Mang	망					
바+ㅇ	Bang	방					
사+ㅇ	Sang	상					
아+ㅇ	Ang	앙					
자+ㅇ	Jang	장					
차+ㅇ	Chang	창					
카+ㅇ	Kang	캉					
타+ㅇ	Tang	탕					
파+ㅇ	Pang	팡					
하+ㅇ	Hang	항					

18 받침 ㅈ(지읒)이 있는 글자
[Final Consonant 'ㅈ'(Jieut)]

받침 ㅈ(지읒) [Final Consonant 'ㅈ'(Jieut)]

다음 받침 ㅈ(지읒)이 들어간 글자를 쓰는 순서에 맞게 따라 쓰세요.
(Write the following letters with consonant 'ㅈ'(Jieut) coming at the lower part of a syllable according to the right stroke order.)

받침 ㅈ(지읒)	영어 표기	쓰기						
가+ㅈ	Gat	갖						
나+ㅈ	Nat	낮						
다+ㅈ	Dat	닺						
라+ㅈ	Rat	랒						
마+ㅈ	Mat	맞						
바+ㅈ	Bat	밪						
사+ㅈ	Sat	샂						
아+ㅈ	At	앚						
자+ㅈ	Jat	잦						
차+ㅈ	Chat	찾						
카+ㅈ	Kat	캊						
타+ㅈ	Tat	탖						
파+ㅈ	Pat	팢						
하+ㅈ	Hat	핫						

받침 ㅊ(치읓) [Final Consonant 'ㅊ'(Chieut)]

다음 받침 ㅊ(치읓)이 들어간 글자를 쓰는 순서에 맞게 따라 쓰세요.
(Write the following letters with consonant 'ㅊ'(Chieut) coming at the lower part of a syllable according to the right stroke order.)

받침 ㅊ(치읓)	영어 표기	쓰기					
가+ㅊ	Gat	갗					
나+ㅊ	Nat	낮					
다+ㅊ	Dat	닻					
라+ㅊ	Rat	랓					
마+ㅊ	Mat	맞					
바+ㅊ	Bat	밫					
사+ㅊ	Sat	샃					
아+ㅊ	At	잊					
자+ㅊ	Jat	잦					
차+ㅊ	Chat	찾					
카+ㅊ	Kat	캋					
타+ㅊ	Tat	탗					
파+ㅊ	Pat	팢					
하+ㅊ	Hat	핯					

20 받침 ㅋ(키읔)이 있는 글자
[Final Consonant 'ㅋ'(Kieuk)]

받침 ㅋ(키읔) [Final Consonant 'ㅋ'(Kieuk)]

다음 받침 ㅋ(키읔)이 들어간 글자를 쓰는 순서에 맞게 따라 쓰세요.
(Write the following letters with consonant 'ㅋ'(Kieuk) coming at the lower part of a syllable according to the right stroke order.)

받침 ㅋ(키읔)	영어 표기	쓰기					
가+ㅋ	Gak	각					
나+ㅋ	Nak	낙					
다+ㅋ	Dak	닥					
라+ㅋ	Rak	락					
마+ㅋ	Mak	막					
바+ㅋ	Bak	박					
사+ㅋ	Sak	삭					
아+ㅋ	Ak	악					
자+ㅋ	Jak	작					
차+ㅋ	Chak	착					
카+ㅋ	Kak	칵					
타+ㅋ	Tak	탁					
파+ㅋ	Pak	팍					
하+ㅋ	Hak	학					

받침 ㅌ(티읕)이 있는 글자
[Final Consonant 'ㅌ'(Tieut)]

월   일

받침 ㅌ(티읕) [Final Consonant 'ㅌ'(Tieut)]

다음 받침 ㅌ(티읕)이 들어간 글자를 쓰는 순서에 맞게 따라 쓰세요.
(Write the following letters with consonant 'ㅌ'(Tieut) coming at the lower part of a syllable according to the right stroke order.)

받침 ㅌ(티읕)	영어 표기	쓰기					
가+ㅌ	Gat	같					
나+ㅌ	Nat	낱					
다+ㅌ	Dat	닽					
라+ㅌ	Rat	랕					
마+ㅌ	Mat	맡					
바+ㅌ	Bat	밭					
사+ㅌ	Sat	샅					
아+ㅌ	At	앝					
자+ㅌ	Jat	잩					
차+ㅌ	Chat	챹					
카+ㅌ	Kat	캍					
타+ㅌ	Tat	탙					
파+ㅌ	Pat	팥					
하+ㅌ	Hat	핱					

받침 ㅍ(피읖)이 있는 글자
[Final Consonant 'ㅍ'(Pieup)]

월   일

받침 ㅍ(피읖) [Final Consonant 'ㅍ'(Pieup)]

다음 받침 ㅍ(피읖)이 들어간 글자를 쓰는 순서에 맞게 따라 쓰세요.
(Write the following letters with consonant 'ㅍ'(Pieup) coming at the lower part of a syllable according to the right stroke order.)

받침 ㅍ(피읖)	영어 표기	쓰기					
가+ㅍ	Gap	갚					
나+ㅍ	Nap	낲					
다+ㅍ	Dap	닾					
라+ㅍ	Rap	랖					
마+ㅍ	Map	맢					
바+ㅍ	Bap	밮					
사+ㅍ	Sap	샆					
아+ㅍ	Ap	앞					
자+ㅍ	Jap	잪					
차+ㅍ	Chap	챺					
카+ㅍ	Kap	캎					
타+ㅍ	Tap	탚					
파+ㅍ	Pap	팦					
하+ㅍ	Hap	핲					

받침 ㅎ(히읗)이 있는 글자
[Final Consonant 'ㅎ'(Hieut)]

월   일

받침 ㅎ(히읗) [Final Consonant 'ㅎ'(Hieut)]

다음 받침 ㅎ(히읗)이 들어간 글자를 쓰는 순서에 맞게 따라 쓰세요.
(Write the following letters with consonant 'ㅎ'(Hieut) coming at the lower part of a syllable according to the right stroke order.)

받침 ㅎ(히읗)	영어 표기	쓰기					
가+ㅎ	Gat	갛					
나+ㅎ	Nat	낳					
다+ㅎ	Dat	닿					
라+ㅎ	Rat	랗					
마+ㅎ	Mat	맣					
바+ㅎ	Bat	밯					
사+ㅎ	Sat	샇					
아+ㅎ	At	앟					
자+ㅎ	Jat	잫					
차+ㅎ	Chat	챃					
카+ㅎ	Kat	캏					
타+ㅎ	Tat	탛					
파+ㅎ	Pat	팧					
하+ㅎ	Hat	핳					

제6장

주제별
낱말

Words by Subjects

과일 [Fruit]

월　　일

■ 다음을 쓰는 순서에 맞게 따라 쓰세요.
(Write the following according to the right stroke order.)

사	과					
배						
바	나	나				
딸	기					
토	마	토				

사과 apple

배 pear

바나나 banana

딸기 strawberry

토마토 tomato

01 과일 [Fruit]

월   일

■ 다음을 쓰는 순서에 맞게 따라 쓰세요.
(Write the following according to the right stroke order.)

수박 watermelon

수	박				

복숭아 peach

복	숭	아			

오렌지 orange

오	렌	지			

귤 tangerine

귤					

키위 kiwi

키	위				

과일 [Fruit]

월   일

■ 다음을 쓰는 순서에 맞게 따라 쓰세요.
(Write the following according to the right stroke order.)

참외 oriental melon	참 외
파인애플 pineapple	파 인 애 플
레몬 lemon	레 몬
감 persimmon	감
포도 grape	포 도

동물 [Animal]

월   일

■ 다음을 쓰는 순서에 맞게 따라 쓰세요.
(Write the following according to the right stroke order.)

타 조				

타조 ostrich

호 랑 이				

호랑이 tiger

사 슴				

사슴 deer

고 양 이				

고양이 cat

여 우				

여우 fox

동물 [Animal]

월   일

■ 다음을 쓰는 순서에 맞게 따라 쓰세요.
(Write the following according to the right stroke order.)

사 자				

사자 lion

코 끼 리			

코끼리 elephant

돼 지				

돼지 pig

강 아 지			

강아지 puppy

토 끼				

토끼 rabbit

동물 [Animal]

■ 다음을 쓰는 순서에 맞게 따라 쓰세요.
(Write the following according to the right stroke order.)

기 린				
곰				
원 숭 이				
너 구 리				
거 북 이				

기린 giraffe

곰 bear

원숭이 monkey

너구리 raccoon

거북이 turtle

채소 [Vegetable]

월   일

■ 다음을 쓰는 순서에 맞게 따라 쓰세요.
(Write the following according to the right stroke order.)

배추 Chinese cabbage

배	추				

당근 carrot

당	근				

마늘 garlic

마	늘				

시금치 spinach

시	금	치			

미나리 water dropwort

미	나	리			

03 채소 [Vegetable]

월   일

■ 다음을 쓰는 순서에 맞게 따라 쓰세요.
(Write the following according to the right stroke order.)

무					
상 추					
양 파					
부 추					
감 자					

무 radish

상추 lettuce

양파 onion

부추 leek

감자 potato

03 채소 [Vegetable]

■ 다음을 쓰는 순서에 맞게 따라 쓰세요.
(Write the following according to the right stroke order.)

오 이 cucumber

오	이						

파 green onion

파							

가지 eggplant

가	지						

고추 red pepper

고	추						

양배추 cabbage

양	배	추					

04 직업 [Job]

■ 다음을 쓰는 순서에 맞게 따라 쓰세요.
(Write the following according to the right stroke order.)

경	찰	관				
소	방	관				
요	리	사				
환	경	미	화	원		
화	가					

경찰관 police officer

소방관 firefighter

요리사 chef

환경미화원 street cleaner

화가 painter/artist

04 직업 [Job]

월　　일

■ 다음을 쓰는 순서에 맞게 따라 쓰세요.
(Write the following according to the right stroke order.)

간	호	사				
회	사	원				
미	용	사				
가	수					
소	설	가				

간호사 nurse

회사원 office worker

미용사 hairdresser

가수 singer

소설가 novelist

직업 [Job]

월   일

■ 다음을 쓰는 순서에 맞게 따라 쓰세요.
(Write the following according to the right stroke order.)

의사 doctor

의 사

선생님 teacher

선 생 님

주부 housewife

주 부

운동선수 athlete

운 동 선 수

우편집배원 postman

우 편 집 배 원

음식 [Food]

월   일

■ 다음을 쓰는 순서에 맞게 따라 쓰세요.
(Write the following according to the right stroke order.)

김	치	찌	개		

김치찌개 kimchi jjigae

미	역	국			

미역국 seaweed soup

김	치	볶	음	밥	

김치볶음밥 kimchi bokkeumbap

돈	가	스			

돈가스 pork cutlet

국	수				

국수 noodle

O5

음식 [Food]

월   일

■ 다음을 쓰는 순서에 맞게 따라 쓰세요.
(Write the following according to the right stroke order.)

된	장	찌	개

된장찌개 doenjang jjigae

불	고	기

불고기 bulgogi

김	밥

김밥 gimbap

라	면

라면 ramen

떡

떡 rice cake

음식 [Food]

■ 다음을 쓰는 순서에 맞게 따라 쓰세요.
(Write the following according to the right stroke order.)

순	두	부	찌	개		
비	빔	밥				
만	두					
피	자					
케	이	크				

순두부찌개 sundubu jjigae

비빔밥 bibimbap

만두 dumpling

피자 pizza

케이크 cake

위치 [Location]

월   일

■ 다음을 쓰는 순서에 맞게 따라 쓰세요.
(Write the following according to the right stroke order.)

앞						
뒤						
위						
아	래					
오	른	쪽				

앞 front

뒤 back

위 up

아래 down

오른쪽 right

06 위치 [Location]

월 　 일

■ 다음을 쓰는 순서에 맞게 따라 쓰세요.
(Write the following according to the right stroke order.)

왼쪽 left

옆 side

안 inside

밖 outside

밑 bottom

왼	쪽				
옆					
안					
밖					
밑					

위치 [Location]

월   일

■ 다음을 쓰는 순서에 맞게 따라 쓰세요.
(Write the following according to the right stroke order.)

사이 between

사 이

동쪽 east

동 쪽

서쪽 west

서 쪽

남쪽 south

남 쪽

북쪽 north

북 쪽

07 탈것 [Vehicle]

월   일

■ 다음을 쓰는 순서에 맞게 따라 쓰세요.
(Write the following according to the right stroke order.)

버	스				

버스 bus

비	행	기			

비행기 airplane

배					

배 ship

오	토	바	이		

오토바이 motorcycle

소	방	차			

소방차 fire truck

탈것 [Vehicle]

월 　 일

■ 다음을 쓰는 순서에 맞게 따라 쓰세요.
(Write the following according to the right stroke order.)

자동차 car

자	동	차			

지하철 subway

지	하	철			

기차 train

기	차				

헬리콥터 helicopter

헬	리	콥	터		

포클레인 excavator

포	클	레	인		

O7

탈것 [Vehicle]

월   일

■ 다음을 쓰는 순서에 맞게 따라 쓰세요.
(Write the following according to the right stroke order.)

택시 taxi	택 시
자전거 bicycle	자 전 거
트럭 truck	트 럭
구급차 ambulance	구 급 차
기구 hot air ballon	기 구

■ 다음을 쓰는 순서에 맞게 따라 쓰세요.
(Write the following according to the right stroke order.)

집						
학	교					
백	화	점				
우	체	국				
약	국					

집 house

학교 school

백화점 department store

우체국 post office

약국 pharmacy

장소 [Place]

월   일

■ 다음을 쓰는 순서에 맞게 따라 쓰세요.
(Write the following according to the right stroke order.)

시 장				

시장 market

식 당				

식당 restaurant

슈 퍼 마 켓				

슈퍼마켓 supermarket

서 점				

서점 bookstore

공 원				

공원 park

08 장소 [Place]

월   일

■ 다음을 쓰는 순서에 맞게 따라 쓰세요.
(Write the following according to the right stroke order.)

은	행						
병	원						
문	구	점					
미	용	실					
극	장						

은행 bank

병원 hospital

문구점 stationery store

미용실 beauty salon

극장 theater

09 계절, 날씨 [Season, Weather]

■ 다음을 쓰는 순서에 맞게 따라 쓰세요.
(Write the following according to the right stroke order.)

봄					
여 름					
가 을					
겨 울					
맑 다					

봄 spring

여름 summer

가을 autumn

겨울 winter

맑다 clear

09 계절, 날씨 [Season, Weather]

월   일

■ 다음을 쓰는 순서에 맞게 따라 쓰세요.
(Write the following according to the right stroke order.)

흐리다 cloudy	흐 리 다
바람이 분다 It's windy	바 람 이 분 다
비가 온다 It rains	비 가 온 다
비가 그친다 The rain stops	비 가 그 친 다
눈이 온다 It snows	눈 이 온 다

계절, 날씨 [Season, Weather]

■ 다음을 쓰는 순서에 맞게 따라 쓰세요.
(Write the following according to the right stroke order.)

구	름	이		낀	다

구름이 낀다 It's cloudy

덥	다				

덥다 hot

춥	다				

춥다 cold

따	뜻	하	다		

따뜻하다 warm

시	원	하	다		

시원하다 cool

집 안의 사물 [Household object]

월 일

■ 다음을 쓰는 순서에 맞게 따라 쓰세요.
(Write the following according to the right stroke order.)

소파 sofa

소	파			

욕조 bathtub

욕	조			

거울 mirror

거	울			

샤워기 shower

샤	워	기		

변기 toilet

변	기			

10 집 안의 사물 [Household object]

월   일

■ 다음을 쓰는 순서에 맞게 따라 쓰세요.
(Write the following according to the right stroke order.)

싱크대 sink

싱	크	대				

부엌 kitchen

부	엌					

거실 living room

거	실					

안방 master bedroom

안	방					

옷장 wardrobe

옷	장					

집 안의 사물 [Household object]

월 일

■ 다음을 쓰는 순서에 맞게 따라 쓰세요.
(Write the following according to the right stroke order.)

화	장	대			
식	탁				
책	장				
작	은	방			
침	대				

화장대 dressing table

식탁 table

책장 book shelf

작은방 room

침대 bed

가족 명칭 [Familly name]

월   일

■ 다음을 쓰는 순서에 맞게 따라 쓰세요.
(Write the following according to the right stroke order.)

할	머	니		
할	아	버	지	
아	버	지		
어	머	니		
오	빠			

할머니 grandmother

할아버지 grandfather

아버지 father

어머니 mother

오빠 girl's elder brother

가족 명칭 [Familly name]

월   일

■ 다음을 쓰는 순서에 맞게 따라 쓰세요.
  (Write the following according to the right stroke order.)

형			
나			
남	동	생	
여	동	생	
언	니		

형 boy's elder brother

나 I, me

남동생 younger brother

여동생 younger sister

언니 girl's elder sister

가족 명칭 [Familly name]

월   일

■ 다음을 쓰는 순서에 맞게 따라 쓰세요.
(Write the following according to the right stroke order.)

누	나				
삼	촌				
고	모				
이	모				
이	모	부			

누나 boy's elder sister

삼촌 uncle(father's side)

고모 aunt(sister of one's father)

이모 aunt(sister of one's mother)

이모부 uncle(husband of mother's sister)

12 학용품 [Stationary]

월   일

■ 다음을 쓰는 순서에 맞게 따라 쓰세요.
(Write the following according to the right stroke order.)

공	책				
스	케	치	북		
색	연	필			
가	위				
풀					

공책 notebook

스케치북 sketchbook

색연필 colored pencil

가위 scissors

풀 glue

월   일

■ 다음을 쓰는 순서에 맞게 따라 쓰세요.
 (Write the following according to the right stroke order.)

일	기	장			
연	필				
칼					
물	감				
자					

일기장 diary

연필 pencil

칼 knife

물감 paints

자 ruler

■ 다음을 쓰는 순서에 맞게 따라 쓰세요.
(Write the following according to the right stroke order.)

색종이 colored paper

색	종	이			

사인펜 pen

사	인	펜			

크레파스 crayon

크	레	파	스		

붓 brush

붓					

지우개 eraser

지	우	개			

꽃 [Flower]

월   일

■ 다음을 쓰는 순서에 맞게 따라 쓰세요.
(Write the following according to the right stroke order.)

장	미					

장미 rose

진	달	래				

진달래 azalea

민	들	레				

민들레 dandelion

나	팔	꽃				

나팔꽃 morning glory

맨	드	라	미			

맨드라미 cockscomb

꽃 [Flower]

월   일

■ 다음을 쓰는 순서에 맞게 따라 쓰세요.
 (Write the following according to the right stroke order.)

개나리 forsythia

개	나	리			

벚꽃 cherry blossom

벚	꽃				

채송화 portulaca-grandiflora

채	송	화			

국화 chrysanthemum

국	화				

무궁화 rose of Sharon

무	궁	화			

13 꽃 [Flower]

■ 다음을 쓰는 순서에 맞게 따라 쓰세요.
(Write the following according to the right stroke order.)

튤립 tulip

튤	립			

봉숭아 garden balsam

봉	숭	아		

해바라기 sunflower

해	바	라	기	

카네이션 carnation

카	네	이	션	

코스모스 cosmos

코	스	모	스	

나라 이름 [Name of country]

월 일

■ 다음을 쓰는 순서에 맞게 따라 쓰세요.
(Write the following according to the right stroke order.)

한국 Korea	한 국
필리핀 the Philippines	필 리 핀
일본 Japan	일 본
캄보디아 Cambodia	캄 보 디 아
아프가니스탄 Afghanistan	아 프 가 니 스 탄

나라 이름 [Name of country]

월   일

■ 다음을 쓰는 순서에 맞게 따라 쓰세요.
(Write the following according to the right stroke order.)

중	국			
태	국			
베	트	남		
인	도			
영	국			

중국 China

태국 Thailand

베트남 Vietnam

인도 India

영국 United Kingdom

14 **나라 이름** [Name of country]

월 일

■ 다음을 쓰는 순서에 맞게 따라 쓰세요.
(Write the following according to the right stroke order.)

미국 America	미국
몽골 Mongolia	몽골
우즈베키스탄 Uzbekistan	우즈베키스탄
러시아 Russia	러시아
캐나다 Canada	캐나다

악기 [Musical Instrument]

월   일

■ 다음을 쓰는 순서에 맞게 따라 쓰세요.
(Write the following according to the right stroke order.)

기타 guitar

기	타			

북 drum

북				

트라이앵글 triangle

트	라	이	앵	글

하모니카 harmonica

하	모	니	카	

징 gong

징				

15

악기 [Musical Instrument]

■ 다음을 쓰는 순서에 맞게 따라 쓰세요.
(Write the following according to the right stroke order.)

피	아	노

피아노 piano

탬	버	린

탬버린 tambourine

나	팔

나팔 bugle/trumpet

장	구

장구 janggu

소	고

소고 sogo

■ 다음을 쓰는 순서에 맞게 따라 쓰세요.
(Write the following according to the right stroke order.)

피 리					
실 로 폰					
바 이 올 린					
꽹 과 리					
가 야 금					

피리 flute

실로폰 xylophone

바이올린 violin

꽹과리 gong

가야금 gayageum

16

옷 [Clothes]

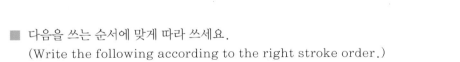

월   일

■ 다음을 쓰는 순서에 맞게 따라 쓰세요.
(Write the following according to the right stroke order.)

티	셔	츠			

티셔츠 T-shirt

바	지				

바지 trousers

점	퍼				

점퍼 jacket

정	장				

정장 formal dress

와	이	셔	츠		

와이셔츠 dress shirt

옷 [Clothes]

월   일

■ 다음을 쓰는 순서에 맞게 따라 쓰세요.
(Write the following according to the right stroke order.)

반	바	지			
코	트				
교	복				
블	라	우	스		
청	바	지			

반바지 shorts

코트 coat

교복 school uniform

블라우스 blouse

청바지 jeans

16 옷 [Clothes]

월 일

■ 다음을 쓰는 순서에 맞게 따라 쓰세요.
(Write the following according to the right stroke order.)

양	복			
작	업	복		
스	웨	터		
치	마			
한	복			

양복 suit

작업복 work clothes

스웨터 sweater

치마 skirt

한복 hanbok

17 색깔 [Color]

■ 다음을 쓰는 순서에 맞게 따라 쓰세요.
(Write the following according to the right stroke order.)

빨	간	색				
주	황	색				
초	록	색				
노	란	색				
파	란	색				

빨간색 red

주황색 orange

초록색 green

노란색 yellow

파란색 blue

색깔 [Color]

월   일

■ 다음을 쓰는 순서에 맞게 따라 쓰세요.
(Write the following according to the right stroke order.)

보	라	색		
분	홍	색		
하	늘	색		
갈	색			
검	은	색		

보라색 purple

분홍색 pink

하늘색 sky blue

갈색 brown

검은색 black

취미 [Hobby]

월   일

■ 다음을 쓰는 순서에 맞게 따라 쓰세요.
(Write the following according to the right stroke order.)

요리 cooking	요	리				
노래 song	노	래				
등산 climbing	등	산				
영화감상 watching movies	영	화	감	상		
낚시 fishing	낚	시				

18 취미 [Hobby]

월   일

■ 다음을 쓰는 순서에 맞게 따라 쓰세요.
(Write the following according to the right stroke order.)

음	악	감	상				

음악감상 listening to music

게	임						

게임 game

드	라	이	브				

드라이브 drive

여	행						

여행 journey/traveling

독	서						

독서 reading books

18 취미 [Hobby]

월 일

■ 다음을 쓰는 순서에 맞게 따라 쓰세요.
(Write the following according to the right stroke order.)

쇼	핑			
운	동			
수	영			
사	진	촬	영	
악	기	연	주	

쇼핑 shopping

운동 exercise

수영 swimming

사진촬영 photo shoot

악기연주 musical performance

운동 [Sports]

월   일

■ 다음을 쓰는 순서에 맞게 따라 쓰세요.
(Write the following according to the right stroke order.)

야	구						
배	구						
축	구						
탁	구						
농	구						

야구 baseball

배구 volleyball

축구 soccer

탁구 ping-pong

농구 basketball

운동 [Sports]

■ 다음을 쓰는 순서에 맞게 따라 쓰세요.
(Write the following according to the right stroke order.)

골 프				
스 키				
수 영				
권 투				
씨 름				

골프 golf

스키 skiing

수영 swimming

권투 boxing

씨름 Korean wrestling

운동 [Sports]

월 일

■ 다음을 쓰는 순서에 맞게 따라 쓰세요.
(Write the following according to the right stroke order.)

테니스 tennis

테	니	스			

레슬링 wrestling

레	슬	링			

태권도 taekwondo

태	권	도			

배드민턴 badminton

배	드	민	턴		

스케이트 skating

스	케	이	트		

움직임 말(1)

[Expression for movement and behavior (1)]

월   일

■ 다음을 쓰는 순서에 맞게 따라 쓰세요.
(Write the following according to the right stroke order.)

가	다					
오	다					
먹	다					
사	다					
읽	다					

가다 go

오다 come

먹다 eat

사다 buy

읽다 read

움직임 말(1)

[Expression for movement and behavior (1)]

월   일

■ 다음을 쓰는 순서에 맞게 따라 쓰세요.
(Write the following according to the right stroke order.)

씻다 wash

씻	다			

자다 sleep

자	다			

보다 see

보	다			

일하다 work

일	하	다		

만나다 meet

만	나	다		

■ 다음을 쓰는 순서에 맞게 따라 쓰세요.
(Write the following according to the right stroke order.)

마	시	다		
빨	래	하	다	
청	소	하	다	
요	리	하	다	
공	부	하	다	

마시다 drink

빨래하다 do laundry

청소하다 clean

요리하다 cook

공부하다 study

움직임 말(2)

[Expression for movement and behavior (2)]

월   일

■ 다음을 쓰는 순서에 맞게 따라 쓰세요.
(Write the following according to the right stroke order.)

공을 차다 kick a ball

공	을		차	다	

이를 닦다 brush one's teeth

이	를		닦	다	

목욕을 하다 take a bath

목	욕	을		하	다

세수를 하다 wash one's face

세	수	를		하	다

등산을 하다
climb a mountain

등	산	을		하	다

21 움직임 말(2)
[Expression for movement and behavior (2)]

월   일

■ 다음을 쓰는 순서에 맞게 따라 쓰세요.
(Write the following according to the right stroke order.)

머	리	를		감	다		
영	화	를		보	다		
공	원	에		가	다		
여	행	을		하	다		
산	책	을		하	다		

머리를 감다 wash one's hair

영화를 보다 watch a movie

공원에 가다 go to a park

여행을 하다 make a trip

산책을 하다 go for a walk

움직임 말(2)
[Expression for movement and behavior (2)]

월   일

■ 다음을 쓰는 순서에 맞게 따라 쓰세요.
(Write the following according to the right stroke order.)

수	영	을		하	다	

수영을 하다 swim

쇼	핑	을		하	다	

쇼핑을 하다 go shopping

사	진	을		찍	다	

사진을 찍다 take a picture

샤	워	를		하	다	

샤워를 하다 take a shower

이	야	기	를		하	다

이야기를 하다 tell a story

움직임 말(3)
[Expression for movement and behavior (3)]

월   일

■ 다음을 쓰는 순서에 맞게 따라 쓰세요.
(Write the following according to the right stroke order.)

놀	다					
자	다					
쉬	다					
쓰	다					
듣	다					

놀다 play

자다 sleep

쉬다 rest

쓰다 write

듣다 hear

움직임 말(3)
[Expression for movement and behavior (3)]

월   일

■ 다음을 쓰는 순서에 맞게 따라 쓰세요.
(Write the following according to the right stroke order.)

닫 다			
켜 다			
서 다			
앉 다			
끄 다			

닫다 close

켜다 turn on

서다 stand up

앉다 sit

끄다 turn off

22 움직임 말(3)

[Expression for movement and behavior (3)]

월   일

■ 다음을 쓰는 순서에 맞게 따라 쓰세요.
(Write the following according to the right stroke order.)

열다 open

열	다				

나오다 come out

나	오	다			

배우다 learn

배	우	다			

들어가다 enter

들	어	가	다		

가르치다 teach

가	르	치	다		

움직임 말(3)
[Expression for movement and behavior (3)]

월   일

■ 다음을 쓰는 순서에 맞게 따라 쓰세요.
(Write the following according to the right stroke order.)

부	르	다			
달	리	다			
기	다				
날	다				
긁	다				

부르다 call

달리다 run

기다 crawl

날다 fly

긁다 scratch

22 움직임 말(3)
[Expression for movement and behavior (3)]

■ 다음을 쓰는 순서에 맞게 따라 쓰세요.
(Write the following according to the right stroke order.)

찍 다				
벌 리 다				
키 우 다				
갈 다				
닦 다				

찍다 take

벌리다 spread

키우다 grow

갈다 replace

닦다 wipe

■ 다음을 쓰는 순서에 맞게 따라 쓰세요.
(Write the following according to the right stroke order.)

개 piece

개

대 machine(count)

대

척 ship(count)

척

송이 bunch

송 이

그루 tree(count)

그 루

23 세는 말(단위)
[Expression for counting]

■ 다음을 쓰는 순서에 맞게 따라 쓰세요.
(Write the following according to the right stroke order.)

상	자			
봉	지			
장				
병				
자	루			

상자 box

봉지 bag

장 sheet

병 bottle

자루 sack

23 세는 말(단위)

[Expression for counting]

월   일

■ 다음을 쓰는 순서에 맞게 따라 쓰세요.
(Write the following according to the right stroke order.)

벌 suit, pair, set

벌				

켤레 pair

켤	레			

권 copy

권				

마리 animal(count)

마	리			

잔 glass

잔				

23 세는 말(단위)

[Expression for counting]

월   일

■ 다음을 쓰는 순서에 맞게 따라 쓰세요.
(Write the following according to the right stroke order.)

채						
명						
통						
가 마						
첩						

채 house(number)

명 person(number)

통 barrel

가마 burlap bag

첩 pack

24 꾸미는 말(1)
[Expression for description (1)]

월   일

■ 다음을 쓰는 순서에 맞게 따라 쓰세요.
(Write the following according to the right stroke order.)

많다 many

많	다				

적다 few

적	다				

크다 big

크	다				

작다 small

작	다				

비싸다 expensive

비	싸	다			

■ 다음을 쓰는 순서에 맞게 따라 쓰세요.
  (Write the following according to the right stroke order.)

싸	다				

싸다 cheap

길	다				

길다 long

짧	다				

짧다 short

빠	르	다			

빠르다 fast

느	리	다			

느리다 slow

꾸미는 말(1)

[Expression for description (1)]

월 일

■ 다음을 쓰는 순서에 맞게 따라 쓰세요.
(Write the following according to the right stroke order.)

굵	다				
가	늘	다			
밝	다				
어	둡	다			
좋	다				

굵다 thick

가늘다 thin

밝다 bright

어둡다 dark

좋다 good

■ 다음을 쓰는 순서에 맞게 따라 쓰세요.
(Write the following according to the right stroke order.)

맵 다					
시 다					
가 볍 다					
좁 다					
따 뜻 하 다					

맵다 spicy

시다 sour

가볍다 light

좁다 narrow

따뜻하다 warm

꾸미는 말(2)

[Expression for description (2)]

월   일

■ 다음을 쓰는 순서에 맞게 따라 쓰세요.
  (Write the following according to the right stroke order.)

짜다 salty

짜	다			

쓰다 bitter

쓰	다			

무겁다 heavy

무	겹	다		

깊다 deep

깊	다			

차갑다 cold

차	갑	다		

월 일

■ 다음을 쓰는 순서에 맞게 따라 쓰세요.

(Write the following according to the right stroke order.)

달	다					
싱	겁	다				
넓	다					
얕	다					
귀	엽	다				

달다 sweet

싱겁다 not salted

넓다 wide

얕다 shallow

귀엽다 cute

26 기분을 나타내는 말
[Expression for feeling]

월   일

■ 다음을 쓰는 순서에 맞게 따라 쓰세요.
(Write the following according to the right stroke order.)

기	쁘	다			
슬	프	다			
화	나	다			
놀	라	다			
곤	란	하	다		

기쁘다 joyful

슬프다 sad

화나다 get angry

놀라다 be surprised

곤란하다 be in trouble

■ 다음을 쓰는 순서에 맞게 따라 쓰세요.
(Write the following according to the right stroke order.)

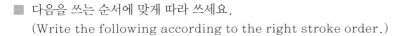

궁	금	하	다				
지	루	하	다				
부	끄	럽	다				
피	곤	하	다				
신	나	다					

궁금하다 wonder

지루하다 boring

부끄럽다 shy

피곤하다 tired

신나다 be excited

높임말 [Polite expression]

■ 다음을 쓰는 순서에 맞게 따라 쓰세요.
　(Write the following according to the right stroke order.)

집						
댁						
밥						
진	지					
병						
병	환					
말						
말	씀					
나	이					
연	세					

집 house → **댁** house

밥 cooked rice → **진지** cooked rice

병 sickness → **병환** sickness

말 words → **말씀** words

나이 age → **연세** age

27 높임말 [Polite expression]

월   일

■ 다음을 쓰는 순서에 맞게 따라 쓰세요.
(Write the following according to the right stroke order.)

생	일				
생	신				
있	다				
계	시	다			
먹	다				
드	시	다			
자	다				
주	무	시	다		
주	다				
드	리	다			

생일 birthday → 생신 birthday

있다 be → 계시다 be

먹다 eat → 드시다 eat

자다 sleep → 주무시다 sleep

주다 give → 드리다 give

소리가 같은 말(1)

[Homonym (1)]

월   일

■ 다음을 쓰는 순서에 맞게 따라 쓰세요.
(Write the following according to the right stroke order.)

눈				
발				
밤				
차				
비				

눈 eye (단음)   눈 snow (장음)

발 foot (단음)   발 strand (장음)

밤 night (단음)   밤 chestnut (장음)

차 car (단음)   차 tea (단음)

비 rain (단음)   비 broom (단음)

■ 다음을 쓰는 순서에 맞게 따라 쓰세요.
(Write the following according to the right stroke order.)

말 horse (단음)   **말** word (장음)

말					

벌 punishment (단음)   **벌** bee (장음)

벌					

상 table (단음)   **상** prize (단음)

상					

굴 oyster (단음)   **굴** cave (장음)

굴					

배 ship (단음)   **배** belly (단음)

배					

28 소리가 같은 말(1)
[Homonym (1)]

월   일

■ 다음을 쓰는 순서에 맞게 따라 쓰세요.
(Write the following according to the right stroke order.)

다	리				

다리 bridge (단음)   **다리** leg (단음)

새	끼				

새끼 baby (단음)   **새끼** rope (단음)

돌					

돌 stone (장음)   **돌** baby's first birthday (단음)

병					

병 sickness (장음)   **병** bottle (단음)

바	람				

바람 wind (단음)   **바람** hope (단음)

■ 다음을 쓰는 순서에 맞게 따라 쓰세요.
(Write the following according to the right stroke order.)

깨다 wake up (장음)   **깨다** break (단음)

묻다 bury (단음)   **묻다** ask (장음)

싸다 cheap (단음)   **싸다** pee (단음)

세다 count (장음)   **세다** strong (장음)

차다 cold (단음)   **차다** full (단음)

깨	다			
묻	다			
싸	다			
세	다			
차	다			

소리가 같은 말(2)

[Homonym (2)]

월   일

■ 다음을 쓰는 순서에 맞게 따라 쓰세요.
(Write the following according to the right stroke order.)

RIGHT

맞다 correct (단음)   맞다 be beaten (단음)

맡다 take (단음)   맡다 smell (단음)

쓰다 write (단음)   쓰다 bitter (단음)

맞	다			
맡	다			
쓰	다			

■ 다음을 쓰는 순서에 맞게 따라 쓰세요.
(Write the following according to the right stroke order.)

어 흥				
꿀 꿀				
야 옹				
꼬 꼬 댁				
꽥 꽥				

어흥

꿀꿀

야옹

꼬꼬댁

꽥꽥

월   일

■ 다음을 쓰는 순서에 맞게 따라 쓰세요.
(Write the following according to the right stroke order.)

붕				
매 앰				
부 르 릉				
딩 동				
빠 빠				

붕

매앰

부르릉

딩동

빠빠

부록 Appendix

■ 안녕하세요! K-한글(www.k-hangul.kr)입니다.
'외국인을 위한 기초 한글 배우기' 1호 기초 편에서 다루지 못한 내용을 부록 편에
다음과 같이 **40가지 주제별로** 수록하니, 많은 이용 바랍니다.

번호	주제	번호	주제	번호	주제
1	숫자(50개) Number(s)	16	인칭 대명사(14개) Personal pronouns	31	물건 사기(30개) Buying Goods
2	연도(15개) Year(s)	17	지시 대명사(10개) Demonstrative pronouns	32	전화하기(21개) Making a phone call
3	월(12개) Month(s)	18	의문 대명사(10개) Interrogative pronouns	33	인터넷(20개) Words related to the Internet
4	일(31개) Day(s)	19	가족(24개) Words related to Family	34	건강(35개) Words related to health
5	요일(10개) Day of a week	20	국적(20개) Countries	35	학교(51개) Words related to school
6	년(20개) Year(s)	21	인사(5개) Phrases related to greetings	36	취미(28개) Words related to hobby
7	개월(12개) Month(s)	22	작별(5개) Phrases related to bidding farewell	37	여행(35개) Travel
8	일(간), 주일(간)(16개) Counting Days	23	감사(3개) Phrases related to expressing gratitude	38	날씨(27개) Weather
9	시(20개) Units of Time(hours)	24	사과(7개) Phrases related to making an apology	39	은행(25개) Words related to bank
10	분(16개) Units of Time(minutes)	25	요구, 부탁(5개) Phrases related to asking a favor	40	우체국(14개) Words related to post office
11	시간(10개) Hour(s)	26	명령, 지시(5개) Phrases related to giving instructions		
12	시간사(25개) Words related to Time	27	칭찬, 감탄(7개) Phrases related to compliment and admiration		
13	계절(4개) seasons	28	환영, 축하, 기원(10개) Phrases related to welcoming. congratulating and blessing		
14	방위사(14개) Words related to directions	29	식당(30개) Words related to Restaurant		
15	양사(25개) quantifier	30	교통(42개) Words related to transportation		

MP3	주제	단어
	1. 숫자	1, 2, 3, 4, 5, / 6, 7, 8, 9, 10, / 11, 12, 13, 14, 15, / 16, 17, 18, 19, 20, / 21, 22, 23, 24, 25, / 26, 27, 28, 29, 30, / 31, 40, 50, 60, 70, / 80, 90, 100, 101, 102, / 110, 120, 130, 150, 천, / 만, 십만, 백만, 천만, 억
	2. 연도	1999년, 2000년, 2005년, 2010년, 2015년, / 2020년, 2023년, 2024년, 2025년, 2026년, / 2030년, 2035년, 2040년, 2045년, 2050년
	3. 월	1월, 2월, 3월, 4월, 5월, / 6월, 7월, 8월, 9월, 10월, / 11월, 12월
	4. 일	1일, 2일, 3일, 4일, 5일, / 6일, 7일, 8일, 9일, 10일, / 11일, 12일, 13일, 14일, 15일, / 16일, 17일, 18일, 19일, 20일, / 21일, 22일, 23일, 24일, 25일, / 26일, 27일, 28일, 29일, 30일, / 31일
	5. 요일	월요일, 화요일, 수요일, 목요일, 금요일, / 토요일, 일요일, 공휴일, 식목일, 현충일
	6. 년	1년, 2년, 3년, 4년, 5년, / 6년, 7년, 8년, 9년, 10년, / 15년, 20년, 30년, 40년, 50년, / 100년, 200년, 500년, 1000년, 2000년
	7. 개월	1개월(한 달), 2개월(두 달), 3개월(석 달), 4개월(네 달), 5개월(다섯 달), / 6개월(여섯 달), 7개월(일곱 달), 8개월(여덟 달), 9개월(아홉 달), 10개월(열 달), / 11개월(열한 달), 12개월(열두 달)
	8. 일(간), 주일(간)	하루(1일), 이틀(2일), 사흘(3일), 나흘(4일), 닷새(5일), / 엿새(6일), 이레(7일), 여드레(8일), 아흐레(9일), 열흘(10일), / 10일(간), 20일(간), 30일(간), 100일(간), 일주일(간), / 이 주일(간)
	9. 시	1시, 2시, 3시, 4시, 5시, / 6시, 7시, 8시, 9시, 10시, / 11시, 12시, 13시(오후 1시), 14시(오후 2시), 15시(오후 3시), / 18시(오후 6시), 20시(오후 8시), 22시(오후 10시), 24시(오후 12시)
	10. 분	1분, 2분, 3분, 4분, 5분, / 10분, 15분, 20분, 25분, 30분(반 시간), / 35분, 40분, 45분, 50분, 55분, / 60분(1시간)

MP3	주제	단어
	11. 시간	반 시간(30분), 1시간, 1시간 반(1시간 30분), 2시간, 3시간, / 4시간, 5시간, 10시간, 12시간, 24시간
	12.시간사	오전, 정오, 오후, 아침, 점심, / 저녁, 지난주, 이번 주, 다음 주, 지난달, / 이번 달, 다음날, 재작년, 작년, 올해, / 내년, 내후년, 그저께(이틀 전날), 엊그제(바로 며칠 전), 어제(오늘의 하루 전날), / 오늘, 내일(1일 후), 모레(2일 후), 글피(3일 후), 그글피(4일 후)
	13. 계절	봄(春), 여름(夏), 가을(秋), 겨울(冬)
	14.방위사	동쪽, 서쪽, 남쪽, 북쪽, 앞쪽, / 뒤쪽, 위쪽, 아래쪽, 안쪽, 바깥쪽, / 오른쪽, 왼쪽, 옆, 중간
	15. 양사	개(사용 범위가 가장 넓은 개체 양사), 장(평면이 있는 사물), 척(배를 세는 단위), 마리(날짐승이나 길짐승), 자루, / 다발(손에 쥘 수 있는 물건), 권(서적 류), 개(물건을 세는 단위), 갈래, 줄기(가늘고 긴 모양의 사물이나 굽은 사물), / 건(사건), 벌(의복), 쌍, 짝, 켤레, / 병, 조각(덩어리. 모양의 물건), 원(화폐), 대(각종 차량), 대(기계. 설비 등), / 근(무게의 단위), 킬로그램(힘의 크기. 무게를 나타내는 단위), 번(일의 차례나 일의 횟수를 세는 단위), 차례(단순히 반복적으로 발생하는 동작), 식사(끼)
	16. 인칭 대명사	인칭 대명사 : 사람의 이름을 대신하여 나타내는 대명사. 나, 너, 저, 당신, 우리, / 저희, 여러분, 너희, 그, 그이, / 저분, 이분, 그녀, 그들
	17. 지시 대명사	지시 대명사 : 사물이나 장소의 이름을 대신하여 나타내는 대명사. 이것, 이곳, 저것, 저곳, 저기, / 그것(사물이나 대상을 가리킴), 여기, 무엇(사물의 이름), 거기(가까운 곳. 이미 이야기한 곳), 어디(장소의 이름)
	18. 의문 대명사	의문 대명사 : 물음의 대상을 나타내는 대명사. 누구(사람의 정체), 몇(수효), 어느(둘 이상의 것 가운데 대상이 되는 것), 어디(처소나 방향). 무엇(사물의 정체), / 언제, 얼마, 어떻게(어떤 방법. 방식. 모양. 형편. 이유), 어떤가?, 왜(무슨 까닭으로. 어떤 사실에 대하여 확인을 요구할 때)
	19. 가족	할아버지, 할머니, 아버지, 어머니, 남편, / 아내, 딸, 아들, 손녀, 손자, / 형제자매, 형, 오빠, 언니, 누나, / 여동생, 남동생, 이모, 이모부, 고모, / 고모부, 사촌, 삼촌, 숙모
	20. 국적	국가, 나라, 한국, 중국, 대만, / 일본, 미국, 영국, 캐나다, 인도네시아, / 독일, 러시아, 이탈리아, 프랑스, 인도, / 태국, 베트남, 캄보디아, 몽골, 라오스

MP3	주제	단어
	21. 인사	안녕하세요!, 안녕하셨어요?, 건강은 어떠세요?, 그에게 안부 전해주세요, 굿모닝!
	22. 작별	건강하세요, 행복하세요, 안녕(서로 만나거나 헤어질 때), 내일 보자, 다음에 보자.
	23. 감사	고마워, 감사합니다, 도와주셔서 감사드립니다.
	24. 사과	미안합니다, 괜찮아요!, 죄송합니다, 정말 죄송합니다, 모두 다 제 잘못입니다, / 오래 기다리셨습니다, 유감이네요.
	25. 요구, 부탁	잠시 기다리세요, 저 좀 도와주세요, 좀 빨리해 주세요, 문 좀 닫아주세요, 술 좀 적게 드세요.
	26. 명령, 지시	일어서라!, 들어오시게, 늦지 말아라, 수업 시간에는 말하지 마라, 금연입니다.
	27. 칭찬, 감탄	정말 잘됐다!, 정말 좋다, 정말 대단하다, 진짜 잘한다!, 정말 멋져!, / 솜씨가 보통이 아니네!, 영어를 잘하는군요. ※감탄사의 종류(감정이나 태도를 나타내는 단어) : 아하, 헉, 우와, 아이고, 아차, 앗, 어머, 저런, 여보, 야, 아니요, 네, 예, 그래, 얘 등
	28. 환영, 축하, 기원	환영합니다!, 또 오세요, 생일 축하해!, 대입 합격 축하해!, 축하드려요, / 부자 되세요, 행운이 깃드시길 바랍니다, 만사형통하시길 바랍니다, 건강하세요, 새해 복 많이 받으세요!
	29. 식당	음식, 야채, 먹다, 식사 도구, 메뉴판, / 세트 요리, 종업원, 주문하다, 요리를 내오다, 중국요리, / 맛, 달다, 담백하다, 맵다, 새콤달콤하다, / 신선하다, 국, 탕, 냅킨, 컵, / 제일 잘하는 요리, 계산, 잔돈, 포장하다, 치우다, / 건배, 맥주, 술집, 와인, 술에 취하다.
	30. 교통	말씀 좀 묻겠습니다, 길을 묻다, 길을 잃다, 길을 건너가다, 지도, / 부근, 사거리, 갈아타다, 노선, 버스, / 몇 번 버스, 정거장, 줄을 서다, 승차하다, 승객, / 차비, 지하철, 환승하다, 1호선, 좌석, / 출구, 택시, 택시를 타다, 차가 막히다, 차를 세우다, / 우회전, 좌회전, 유턴하다, 기차, 기차표, / 일반 침대석, 일등 침대석, 비행기, 공항, 여권, / 주민등록증, 연착하다, 이륙, 비자, 항공사, / 안전벨트, 현지시간

MP3	주제	단어
	31. 물건 사기	손님, 서비스, 가격, 가격 흥정, 노점, / 돈을 내다, 물건, 바겐세일, 싸다, 비싸다, / 사이즈, 슈퍼마켓, 얼마예요?, 주세요, 적당하다, / 점원, 품질, 백화점, 상표, 유명 브랜드, / 선물, 영수증, 할인, 반품하다, 구매, / 사은품, 카드 결제하다, 유행, 탈의실, 계산대
	32. 전화하기	여보세요, 걸다, (다이얼을)누르다, ○○ 있나요?, 잘못 걸다, / 공중전화, 휴대전화 번호, 무료 전화, 국제전화, 국가번호, / 지역번호, 보내다, 문자 메시지, 시외전화, 전화받다, / 전화번호, 전화카드, 통화 중, 통화 요금, 휴대전화, / 스마트폰
	33. 인터넷	인터넷, 인터넷에 접속하다, 온라인게임, 와이파이, 전송하다, / 데이터, 동영상, 아이디, 비밀번호, 이메일, / 노트북, 검색하다, 웹사이트, 홈페이지 주소, 인터넷 쇼핑, / 업로드, 다운로드, pc방, 바이러스, 블로그
	34. 건강	병원, 의사, 간호사, 진찰하다, 수술, / 아프다, 환자, 입원, 퇴원, 기침하다, / 열나다, 체온, 설사가 나다, 콧물이 나다, 목이 아프다, / 염증을 일으키다, 건강, 금연하다, 약국, 처방전, / 비타민, 복용하다, 감기, 감기약, 마스크, / 비염, 고혈압, 골절, 두통, 알레르기, / 암, 전염병, 정신병, 혈액형, 주사 놓다
	35. 학교	초등학교, 중학교, 고등학교, 중·고등학교, 대학교, / 교실, 식당, 운동장, 기숙사, 도서관, / 교무실, 학생, 초등학생, 중학생, 고등학생, / 대학생, 유학생, 졸업생, 선생님, 교사, / 교장, 교수, 국어, 수학, 영어, / 과학, 음악, 미술, 체육, 입학하다, / 졸업하다, 학년, 전공, 공부하다, 수업을 시작하다, / 수업을 마치다, 출석을 부르다, 지각하다, 예습하다, 복습하다, / 숙제를 하다, 시험을 치다, 합격하다, 중간고사, 기말고사, / 여름방학, 겨울방학, 성적, 교과서, 칠판, / 분필
	36. 취미	축구 마니아, ○○마니아, 여가 시간, 좋아하다, 독서, / 음악 감상, 영화 감상, 텔레비전 시청, 연극 관람, 우표 수집, / 등산, 바둑, 노래 부르기, 춤추기, 여행하기, / 게임하기, 요리, 운동, 야구(하다), 농구(하다), / 축구(하다), 볼링(치다), 배드민턴(치다), 탁구(치다), 스키(타다), / 수영(하다), 스케이팅, 태권도
	37. 여행	여행(하다), 유람(하다), 가이드, 투어, 여행사, / 관광명소, 관광특구, 명승지, 기념품, 무료, / 유료, 할인티켓, 고궁, 경복궁, 남산, / 한국민속촌, 호텔, 여관, 체크인, 체크아웃, / 빈 방, 보증금, 숙박비, 호실, 팁, / 싱글룸, 트윈룸, 스탠더드룸, 1박하다, 카드 키, / 로비, 룸서비스, 식당, 뷔페, 프런트 데스크
	38. 날씨	일기예보, 기온, 최고기온, 최저기온, 온도, / 영상, 영하, 덥다, 따뜻하다, 시원하다, / 춥다, 흐린 날씨, 맑은 날, 비가 오다, 눈이 내리다, / 건조하다, 습하다, 가랑비, 구름이 많이 끼다, 보슬비, / 천둥치다, 번개, 태풍, 폭우, 폭설, / 황사, 장마
	39. 은행	예금하다, 인출하다, 환전하다, 송금하다, 예금주, / 예금통장, 계좌, 계좌번호, 원금, 이자, / 잔여금액, 비밀번호, 현금카드, 현금 인출기, 수수료, / 현금, 한국 화폐, 미국 달러, 외국 화폐, 환율, / 환전소, 신용카드, 대출, 인터넷뱅킹, 폰뱅킹

MP3	주제	단어
	40. 우체국	편지, 편지봉투, 소포, 부치다, 보내는 사람, / 받는 사람, 우편물, 우편번호, 우편요금, 우체통, / 우표, 주소, 항공우편, EMS

'K-한글'의 세계화 www.k-hangul.kr

1. 영어로 한글배우기
Learning Korean in **English**

2. 베트남어로 한글배우기
Học tiếng Hàn bằng tiếng Việt

3. 몽골어로 한글배우기
Монгол хэл дээр солонгос
цагаан толгой сурах

4. 일본어로 한글배우기
日本語でハングルを学ぼう

5. 스페인어로 한글배우기(유럽연합)
APRENDER COREANO EN
ESPAÑOL

6. 프랑스어로 한글배우기
Apprendre le coréen en
français

7. 러시아어로 한글배우기
Изучение хангыля
на русском языке

8. 중국어로 한글배우기
用中文学习韩文

9. 독일어로 한글배우기
Koreanisch lernen auf **Deutsch**

10. 태국어로 한글배우기
เรียนฮันกึลด้วยภาษาไทย

11. 힌디어로 한글배우기
हिंदी में हंगेउल सीखना

12. 아랍어로 한글배우기
تعلم اللغة الكورية بالعربية

13. 페르시아어로 한글배우기
یادگیری کره‌ای از طریق فارسی

14. 튀르키예어로 한글배우기
Hangıl'ı Türkçe Öğrenme

15. 포르투칼어로 한글배우기
Aprendendo Coreano em
Português

16. 스페인어로 한글배우기(남미)
Aprendizaje de coreano en
español

외국인을 위한 기초 한글 배우기

한글배우기 **①** 기초편

2016년 4월 15일 초판 1쇄 발행
2018년 2월 15일 개정판 1쇄 발행
2020년 9월 15일 개정판 2쇄 발행
2024년 2월 15일 개정판 3쇄 발행
2024년 8월 15일 개정 2판 1쇄 발행

발행인 | 배영순
저자 | 권용선(權容璿)
펴낸곳 | 홍익교육
기획·편집 | 아이한글 연구소
출판등록 | 2010-10호
주소 | 경기도 광명시 광명로 877 한진상가 B동 309호
전화 | 02-2060-4011
정가 | 14,000원
ISBN 979-11-88505-63-0 / 13710